Johann Abert

Gedanken über Gott, Welt und Menschenleben in den Autos sacramentales

2. Abteilung: I. Die Existenz Gottes und der Atheismus

Johann Abert

Gedanken über Gott, Welt und Menschenleben in den Autos sacramentales
2. Abteilung: I. Die Existenz Gottes und der Atheismus

ISBN/EAN: 9783743475687

Hergestellt in Europa, USA, Kanada, Australien, Japan

Cover: Foto ©Lupo / pixelio.de

Manufactured and distributed by brebook publishing software (www.brebook.com)

Johann Abert

Gedanken über Gott, Welt und Menschenleben in den Autos sacramentales

Jahresbericht
über die
Königl. Studienanstalt
in
Passau
für das Studienjahr 18$\frac{75}{76}$.

~~~~

Mit einem Programme:
Gedanken über Gott, Welt und Menschenleben
in den
Autos sacramentales des Don Pedro Calderon de la Barca.
2. Abtheilung: I. Die Existenz Gottes und der Atheismus.

Von
Johann Abert,
k. Studienlehrer.

Passau.
Buchdruckerei J. Bucher.
1876.

Vorwort.

> „Ist's denn so großes Geheimniß, was
> Gott und der Mensch und die Welt sei?
> „Nein! Doch Niemand hört's gerne, da
> bleibt es geheim." Göthe.

Bevor der Schreiber des Programms sich seiner Aufgabe unterzieht, muß er theils zu seiner Entschuldigung, theils zur Vertheidigung des von ihm eingeschlagenen Weges einige Worte vorausschicken. Auf Grund der im vorigen Jahre erschienenen Einleitung zu den „Gedanken über Gott, Welt und Menschenleben" wurde ihm von hochachtbarer Seite der Wunsch mitgetheilt, er möge bei der Fortsetzung seiner Arbeit mehr den philosophisch-ästhetischen als den theologischen Standpunkt betonen und die Citate möglichst im Urtexte bringen. Was nun den ersten Wunsch betrifft, so schwebten dem Verfasser zwar fortwährend die Worte Lorinsers (in seiner Einleitung B. I. S. 8) vor Augen: „Calderon ist für Viele ungenießbar, nicht bloß, weil sie von allem Katholischen mit Widerwillen sich abwenden, sondern auch deßhalb, weil sie ihn nicht verstehen, da es ihnen, auch wenn sie sehr gelehrte Kritiker und feingebildete Aesthetiker sind, an der Kenntniß des katholischen Glaubens und der katholischen Theologie fehlt, welche für Calderons Verständniß unerläßlich ist"; nichtsdestoweniger wird er dem ihm mitgetheilten Wunsche um so lieber willfahren, weil er von vorneherein eine Bearbeitung der Theologie Calderons ausgeschlossen hat; indem er sich die natürliche, philosophische Gotteserkenntniß zum Thema nahm, hat er sich auf den Boden der Theologie gar nicht zu begeben, denn diese ist die Lehre von der übernatürlichen, geoffenbarten Glaubenswahrheit. Eben durch das Thema ist aber auch zugleich dem Verfasser untersagt, sich auf das Gebiet der Aesthetik zu verlieren; die ihm vorschwebende Aufgabe ist eine ganz andere. Auf dem Wege ernster Untersuchung hat er, nur die Wahrheit und das Gewissen als Richtschnur anerkennend, die Ideen Calderons in möglichst übersichtlicher Darstellung wiederzugeben, und es wird der enge Raum eines Programms nicht gestatten, neben dem Inhalte auch die Form eingehender zu würdigen.

Eine überaus berechtigte Forderung scheint der Wunsch auszusprechen, der Verfasser des Programms möge im Urtexte citiren. Nach welcher Ausgabe der Autos? Die Ausgabe von Pando y Mier hat viele Unrichtigkeiten, neben dieser 72 Autos enthaltenden Ausgabe ist der Schreiber dieser Zeilen auf die Ed. pr. von 1676 angewiesen, welche 12 Autos enthält, sowie auf den Tesoro von Ochoa, der nur vier hat; die einzige vorhandene Ausgabe, in welcher der Text kritisch behandelt ist, die von Pedroso in der Biblioteca de Aut. Esp., hat nur 13 Autos. Bei dieser Lage der Dinge muß auf die Wiedergabe des Urtertes für so lange verzichtet werden, bis eine Vergleichung der Ausgaben und der Manuscripte (in der Bibliothèque de l'Arsenal zu Paris und in der B. nacion. zu Madrid) einen authentischen Text wird hergestellt haben. Möge der deutsche Bienenfleiß, der dem „Adler von Florenz", wie dem „Schwan vom Avon" so überaus große Sorgfalt hat angedeihen lassen, auch den himmlischen Klängen des südlichen Paradiesvogels gleiche Liebe zuwenden. Für den Zweck der Verfassers genügt es einstweilen, die vortreffliche Uebersetzung von Lorinser zu citiren. Um jedoch auch hier einem ausgesprochenen Wunsche nach Thunlichkeit Rechnung zu tragen, wird bei allen wichtigeren Stellen der spanische Originaltext berücksichtigt und dessen Wortlaut nach den ihm zu Gebote stehenden Ausgaben (bei 13 Autos nach Pedroso's sorgfältig emendirter Textausgabe B. d. A. E. T. 58 p. III.) citirt werden; aus äußeren Gründen ist aber möglichste Beschränkung der Citate dringend nothwendig.

Mögen die jugendlichen Geister, die jungen Herzen, an welche die Worte des Verfassers zunächst gerichtet sind, durch die herrlichen Gedanken des edlen spanischen Dichters angeeifert werden, nach hohen, nach ewigen Idealen zu streben; mögen sie, bis jetzt genährt durch die Milch der antiken und der vaterländischen Literatur, ihren Blick noch höher emporheben, ihre Brust erweitern für erhabeneres und mächtigeres Streben, gemäß den schönen Worten Schillers:

Glücklicher Säugling, dir ist unendlicher Raum noch die Wiege;
Werde Mann, und dir wird eng die unendliche Welt.

Jene Leser, welchen Calderon aus diesem oder aus jenem Grunde eine weniger sympathische Persönlichkeit ist, werden gewiß nicht ein Vorurtheil zum Maßstabe ihrer Kritik nehmen; wenn es sich um die Sache handelt, tritt ja die Person in den Hintergrund, oder, wie Calderon selbst sagt (in seinem Auto: „Die Andacht zur Messe"):

Handelts um die Wahrheit sich,
Ist's gleichgiltig, wer sie sagt,
Bleibt sie doch die Wahrheit immer.

I. Existenz Gottes. — Atheismus.

1. Es gibt Wahrheiten, welche für jeden einzelnen Menschen, wie für ganze Völker die Grundlage alles naturgemäßen vernünftigen und sittlichen Lebens bilden; mag sich der Mensch dessen bewußt sein oder nicht, es ruht doch alle Ordnung im Einzelleben so gut wie im Leben der ganzen Menschheit auf einer Grundlage von Wahrheiten, die unumgänglich nothwendig vorhanden sein muß, wenn nicht Alles sich selbst zerstören soll. Bloßes Uebereinkommen der Individuen und bloßes staatliches Machtgebot ohne die Unterlage unumstößlicher metaphysischer Wahrheiten sind ein wesen- und machtloses Schreckbild, von dem sich der Mensch auf die Dauer nicht beeinflussen läßt; früher oder später erkennt sein Verstand die Nichtigkeit dieses Schreckbildes und nur allzuleicht durchbricht menschlicher Wille die von Menschen gesteckten Schranken, wenn sie keine höhere übermenschliche Sanction haben.

Zu diesen Wahrheiten, welche die unumstößliche Grundlage und die alleinige Bürgschaft eines wahrhaft menschlichen Lebens genannt werden müssen, gehört zu allererst die Lehre von der Existenz eines wahren, persönlichen außerweltlichen Gottes. Die größten Männer aller Zeiten haben die Schärfe ihres Geistes an der Erforschung dieser Wahrheit erprobt und hochbegabte Geister haben vermöge eines außerordentlich tiefen Blickes eine ganze Welt von Ideen in dieser Lehre von der Existenz des wahren Gottes entdeckt. Während wir nun die anstrengende Geistesarbeit wahrhaft großer Philosophen vertrauensvoll begrüßen, begeistern uns die erhabenen Anschauungen genialer Männer; jene verehren wir als treue kundige Führer zur Wahrheit; der geheimnißvolle Zauber, welcher in den vollendeten Kunstwerken hervorragender Geister, besonders großer Dichter liegt, ist geeignet, uns ganz mit sich fortzureißen. Es ist jedoch in den großartigen Gedanken, namentlich der Dichter, eine große Gefahr verborgen; nur zu leicht führt der verlockende Reiz des Geistreichen auf Gebiete, in welche der nüchterne, gesunde Verstand zu folgen Bedenken tragen muß. Gerade die Dichter haben mit einer Fülle von Gedanken über die Existenz Gottes zugleich eine Sündfluth des Irrthumes über die menschliche Erkenntniß ausgegossen: humana ad deos transtulit, utinam divina ad nos! sagt schon vom Vater der Dichtkunst Cicero in seinen tuskulanischen Unterredungen.

Bei Calderon liegt diese Gefahr ferne; er ist schon von Natur aus weit weniger als andere geistreiche Männer dazu angethan, auf den Flügeln genialer Weltanschauung in's Reich der Träume, der Unwahrheit und der Täuschung zu entschweben, nennt ihn ja doch Göthe dasjenige Genie, welches zugleich den größten Verstand besaß; noch mehr aber bietet er durch seinen Bildungsgang, durch seinen Verkehr mit dem Leben und ganz besonders durch die Reinheit seines Wandels volle Bürgschaft für die Ehrlichkeit, Nüchternheit und Richtigkeit seiner Gedanken und Forschungen. Wenn wir also seine Anschauungen über philosophische Gegenstände zum Gegenstande unserer Untersuchung machen, so brauchen wir nicht zu fürchten, daß der erhabene Schwung seiner Phantasie uns auf Gebiete entführe, wo der Boden unter unseren Füßen weicht; im Gegentheil, man hat es oft getadelt, daß Calderon zu viel Verstandesmäßiges in seinen Werken habe. Während in unseren Tagen leider viele **Philosophen** zu **Dichtern** geworden sind, und die ernste wissenschaftliche Forschung dem Haß und der Liebe zugänglich geworden ist, ja zur Sklavin der Tagesereignisse und selbst der niedrigsten Leidenschaften mitunter sich herabgewürdigt hat, können wir getrost die Worte eines **Dichters** wie Calderon über **philosophische Wahrheiten** vernehmen. Zu einer Zeit, wo außerhalb Spaniens fast überall Neuerungen wie seltsame Blasen aufstiegen und die Völker durch Unfrieden aufgeregt waren, wo in Sachen des Glaubens die alten Wege verlassen wurden, und der losgelassene Subjectivismus auch bald auf dem Gebiete der Philosophie System auf System schuf, hat Calderon auf festem sicheren Ufer stehend die Resultate bewährter zuverlässiger Forschung in lebensvoller frischer Darstellung dem spanischen Volke vorgeführt. Gegenüber den verworfenen Zweifeln einer verkehrten Speculation, die es in jener Zeit bereits wagte, die Existenz des wahren lebendigen Gottes in Frage zu stellen, hat er in seinen Autos mit aller Kraft und mit vollendeter Kunst die Existenz des außerweltlichen Gottes vertheidigt und ritterlich das Schwert des Geistes gegen den Atheismus geschwungen.

In **vier Autos** behandelt Calderon die Existenz des wahren, realen, von der Welt verschiedenen persönlichen Gottes ganz eingehend, während er an vielen Stellen seiner Autos gelegentlich auf die erste Ursache alles Seins hinweist. Wie es sich bei Schauspielen von selbst versteht, wird diese grundlegende Wahrheit in dialogischer Form behandelt, ganz besonders aber gewinnt die Darstellung an lebendiger plastischer Gestaltung durch die Person des Atheismus, welche in jedem dieser vier Autos mit bestimmter Charakteristik vorgeführt wird. Diese vier Autos, in welchen die allegorische Person des Atheismus auftritt, sind: „Zu Gott aus Staatsklugheit", „Der Baum der besseren Frucht", „Das neue Armenhospiz" und „Die göttliche Philothea."

2. Im Auto: „**Zu Gott aus Staatsklugheit**", welches nach Lorinsers Bemerkung das Ringen der wahrheitsbedürftigen menschlichen Seele nach dem Besitze der Wahrheit hauptsächlich darstellt, finden wir eine förmliche Disputation zwischen dem „Geist" und dem „Atheismus"; an der Unterredung nimmt ferner der „Gedanke" theil, der wegen seiner Unbeständigkeit und wegen seiner possirlichen Sprünge den Graziojo des Stückes macht.

Ged. (zum Geiste): . . . . . . Laß uns
Gehen, und weil ja deinem Sinn
Viele Götter nicht behagen,
Laß uns nun zunächst von einem
Aeußersten zum andern schreiten,
Und dorthin geh'n, wo kein Einz'ger.
Geist: Und wie das?
Ged.: Siehst du denn nicht
Jenen dort in rohen Fellen,
Der die Stimmung des Gemüths
Im Barbarischen der Kleidung
Zeigt, den ungeschlachten Wilden,
Der dort liegt, den Atheismus.

(Man sieht auf einem Felsen, der sich erhebt, den Atheismus im Schlafe liegen, in der Kleidung, wie die Verse besagen.)

Geist: Den dort?
Ged.: Ja, der dort im Schlafe liegt.
Geist: Und an solchem Schreckenstage
Kann er schlafen?
Ged.: Freilich.
Geist: Nun denn,
Will ihn wecken, mehr aus Neugier
Ueber so verweg'ne Ruhe,
Als weil ich sie ihm mißgönnte.
Atheismus!
Ath.: Ha, wer ruft mich?
Geist: Ich, der ich dich eben suche.
Ath.: Und wer bist du und was willst du
Von mir, der du solch Geschrei machst?
Geist: Kennst den Geist du nicht? Man sieht es,
Daß du roh und ungebildet.
Ath.: Und du bist der Geist?
Geist: Ja freilich,
Und ich will von dir erfahren —
Ath.: Halt, wenn du der Geist bist, sage,
Warum frägst du? Hörte immer,
Daß der Geist antworten könne,
Daß er frage, hört' ich nimmer.
Geist: Eben dieses ist mein Vorzug.

Ath.: Was?
Geist: Daß ich versteh', zu fragen,
Um dann antworten zu können.
Ath.: Nun, so sprich, was willst du wissen
Von mir?
Geist: Will erfahren, was es
Ueber dieses grause Dunkel,
Das die Welt so furchtbar schrecket,
Da die Sonne sich verfinstert
Von der sechsten Stund' zur neunten
Dir zu glauben hat gefallen;
Denn ich möchte jede Meinung,
Die die Welt von der Erscheinung
Hegt, (und deine jetzt vor allen)
Drüber hören.
Ath.: Wenn die meine
Ich dir sagen soll und künden,
Was davon ich konnt' ergründen,
Daß die Welt so wüst erscheine:
Glaub' ich, daß, wie dieses Leibes
Qualitäten vielerlei sind,
Und die Krankheiten dabei sind,
Welche diesen Sohn des Weibes
Plagen, je nachdem die Säfte
Bilden die Temperamente,
Als des Leibes Elemente:
So auch sind der Erde Kräfte,
Wenn sie in Verwirrung kommen,
Ursach' ihrer Mißgeschicke,
Deren Wirkung wohl die Blicke
Andrer schreckt, mich ausgenommen;
Denn die Neuheit dieser Sache
Schreckt mich nicht, da es doch klar ist,
Daß, wie es beim Körper wahr ist,
Störung nur die Krankheit mache.
Deßhalb, um nicht zu erwägen,
Ob die kranke Welt jetzt sterbe,
Oder neue Kraft erwerbe,
Wollt' ich hier mich schlafen legen.
Geist: Also hast du nicht geschlossen,
Daß, was diesen Aufruhr mache,
Wirkung einer Grundursache?
Ath.: Welcher Ursach' wär's entsprossen?
Geist: Einem Gott, den zu ergründen,
Wir die Welt zu prüfen meinen.
Ath.: Einem Gott?
Geist: Ja.
Ath.: Was für einem?
Geist: Eben dieses will ich finden.
Ath.: Würde niemals mich so quälen,
Denn ich wäre nie gelehrig,
Noch zum Finden tüchtig wär' ich.

Geist: Gib wohl Acht, nicht falsch zu wählen!
Jener Meinung weiter Ruf sich
Allen zeigt durch Weltbetrachtung.
Ath.: Mir nicht eben.
Geist: Hast nicht Achtung
Auf den Schöpfer?
Ath.: Selbst sie schuf sich.
Geist: Wer hat denn zu unserm Frommen
Ausgebildet gleicher Weise
Droben die krystall'nen Kreise?
Ath.: Hier hat's keiner vorgenommen.
Geist: Und wer hat die Himmelsleuchte,
Die des Tages Seele bilde,
Wer hat jenes Licht so milde,
Das der Nächte kühle Feuchte
Sanft erhell', zum Sein erlesen
Daß ihr regelmäßig Kommen
Ihnen immer unbenommen?
Ath.: Wohl ein Zufall ist's gewesen.
Geist: Hat ein Zufall auch das Leben,
Seel' und Dasein dir verliehen?
Wer die Augen ließ erblühen,
Sollte nicht im Lichte schweben?
Wer die Ohren gab, nicht hören?
Wer die Hände, sollt' nicht handeln?
Wo auch der Gedank' mag wandeln,
Alle Sinne müssen ehren
Ihren Schöpfer. War das Leben,
War das Sein in Nichts verloren? *)
Ath.: Weiß nur, daß ich bin geboren,
Weiß nicht, wer mir das gegeben,
Noch warum, und wann, ich glaube,
Daß ein Zweck mir nie gefalle;
Wie der Vater zeugt' uns alle,
So ein andrer ihn, erlaube.
Geist: Wohl, doch wer den ersten Vater?
Ath.: Was für einen ist Zerstörung,
Für den andern ist Vermehrung.
Geist: Dies wohl weiß ich.
Ath.: Nun, so denk' ich, **)
Daß der erste Stoff durch seine
Wandlung zur Verwesung neigte,
So den ersten Menschen zeugte.
Geist: Und die Seele auch, die deine,
Konnt' aus der Verwesung erblich
Sich erzeugen? Siehst du nicht,
Daß sie ein unsterblich Licht?
Ath.: Und die Seele ist unsterblich?

---

*) Le dieron ser al no ser? P. y. M. I. 19.
**) Aus wichtigen Gründen wurde hier Lorinsers Uebersetzung durch eine andere ersetzt, die mehr dem Wortlaut entspricht.

Geist: Darauf läßt gar wohl uns schließen,
Jene Göttlichkeit, die immer
Sie begleitet.
Ath.: Kenne nimmer
And'res als ein ewig Fließen
Vom Geborensein zum Sterben.
Laß das Grübeln; wollen heute
Schmausen als vergnügte Leute,
Morgen kann der Tod uns erben.
Geist: Schweige, schweige, so verkehrte
Lehre ist mir unerträglich.
Bist durch Gründe nicht beweglich,
Wenn ich dich auch Weisheit lehrte.
Ged.: Weder gute, noch auch strenge
Worte sind bei ihm ersprießlich.
Bin wahrhaftig schon verdrießlich.
Red' ist eitel. In die Enge
Treiben Schläg' ihn nur. Geselle!
Wenn kein erster Grund bekannt dir,
Wer bewegt jetzt die Hand mir?
(Gibt ihm einen Schlag.)
Ath.: Narr!
Geist: Gedank', zur Ruh' dich stelle!
Ath.: Der Gedanke bist du? Fliehen
Muß ich weit von dem Gedanken:
An ihm will ich nie erkranken,
Will sogleich zurück mich ziehen.
(Flieht.)
Ged.: Nun, was sagst du?
Geist: Muß bekennen,
Seine Thorheit wohl mich lehret,
Da er wider Gott sich kehret,
Ihn beim rechten Namen nennen;
Denn schon David hat's gesehen,
Daß im Herzen nur die Thoren
Sich, in's Eitle ganz verloren,
Gott zu leugnen unterstehen.

Diese Darstellung der Ansichten des Atheismus liefert uns indirect einen unwiderleglichen Beweis für die Existenz Gottes. Denn 1) alle Einwendungen, welche der Atheismus gegen die Existenz eines letzten Grundes, einer ersten Ursache für alles Seiende zu machen versucht, laufen auf Unvernunft hinaus. Was er auch sagt, sind bloße Worte, denen man unschwer anmerkt, daß sie nur dazu dienen sollen, den Mangel des Gedankens zu verdecken. 2) Er verweilt mit sichtlichem Behagen bei der Entwicklung der Wirkungen, um darüber zu vergessen oder wenigstens vergessen zu machen, daß ja gar nicht darnach, sondern nach dem Grunde, der ersten Ursache dieser Wirkungen gefragt ist. 3) Er macht einen directen Angriff auf das Denkgesetz der Causalität, dem er den Gehorsam endlich 4) voll=

ständig aufkündigt, indem er das **Nachdenken** überhaupt, sowie jede Beschäftigung mit geistigen Dingen als unnützes Grübeln **von sich weist**. 5) Daß der Atheismus in einer der vernünftigen Natur des Geistes widersprechenden Weise spricht und sich gegen vernünftige Gegengründe hinter seine Unwissenheit, zuletzt hinter die Gedankenlosigkeit verschanzen muß, weist klar darauf hin, daß die **Leugnung der Existenz Gottes** in letzter Instanz nur als **Folge des Nichtdenkens** erscheint. Endlich ist 6) vollständig klar, daß die Annahme der Existenz Gottes das sofortige Resultat vernünftigen Denkens sein würde, wenn nicht der **böse Wille** in den Weg träte, der absichtlich nicht thun mag, was nothwendig ist. So viele Ungereimtheiten ergeben sich, wenn man, der Natur des Geistes widerstrebend, nicht anerkennt, daß alles Sein eine oberste erste Ursache habe, oder mit andern Worten, daß Gott existirt. Wenn ein Schüler auf die Frage, woher diese oder jene grammatische Construction komme, die Antwort geben würde: Sie ist durch Zufall entstanden; oder wenn er auf die Frage, wer der Verfasser der Aeneis sei, antwortete: Sie hat sich selbst gemacht: würde der Lehrer mit solchen Antworten sich zufrieden geben? Und dennoch, was weiß der Atheismus aller Zeiten auf die wichtigsten Fragen anderes als Phrasen vorzubringen! Worte ohne Sinn, die von dem vernunftbegabten Menschen nicht wohl ausgesprochen werden sollten, sind seine Einwendungen gegen die Annahme einer Grundursache der Welt: Sie schuf sich selbst, sie ist durch Zufall entstanden. Solche Worte sind ein Hohn, nicht aber eine Antwort auf die Frage des forschenden Geistes. Der Atheismus möchte durch gelehrte Erklärung der Bewegungen der Welt der Frage nach der Ursache jeder Bewegung und des Seins überhaupt, das ja ein bewegtes Sein, aus dem Wege gehen; vom Geiste durch die Frage nach der letzten Ursache in die Enge getrieben, sucht er sich durch die Unerklärbarkeit dieser ersten Bewegungen auszureden: "Weiß nur, daß ich bin geboren, weiß nicht, wer mir das gegeben, noch warum und wann, es gibt keinen Grund, der mir paßt" (no avra razon que me quadre) u. A. Noch mehr gibt er sich in seinem wahren Wesen zu erkennen durch die Worte: "Laß das Grübeln, Alles ist im Fluß, man weiß ja nichts Gewisses." Endlich steht er in seiner ganzen Gedankenlosigkeit und Thorheit da, wenn er auf das allein noch anwendbare Argument des thatsächlichen Beweises sich vor dem "Gedanken" flüchtet: "Fliehen muß ich weit von dem Gedanken, an ihm will ich nie erkranken." Was Wunder, wenn Calderon diese Gattung von sogenannter Philosophie mit gebührender Verachtung Seitens des Geistes behandeln läßt. Der Atheismus negirt nur, er negirt zuletzt sogar die ersten Grundgesetze des Seins und des Denkens; von ersteren weiß er Nichts: „Hier hat's Keiner vorgenommen", von letzteren will er nichts wissen: „Will sogleich zurück mich ziehen." Darum bricht der Geist die Unterredung ab, cum principia negantibus non est disputandum, lautet ja der alte Spruch, und wirft dem feigen Gegner noch den wohlverdienten Vorwurf der Thorheit auf den Rücken; „der Gedanke" seinerseits verfällt als Grazioso auf ein drastisches Mittel, dem Atheismus einen Begriff von Ursache und Wirkung, vom Gesetz der Causalität beizubringen, das jedoch der Geist nicht gutheißen kann. Auf diese Weise hat Calderon **indirect den kosmologischen Beweis** für das Dasein Gottes geführt: die wohlfeile Art, mit welcher sich der Atheismus vom Denken und Beweisen loskaufen will, die Darstellung desselben als rohen ungeschlachten Wilden, sein Schlaf zu einer Zeit, wo Alles in Staunen geräth, seine Indolenz gegenüber der Thatsache der Bewegung in der Welt, seine offen eingestandene Unwissenheit und Unfähigkeit, auf die Fragen des Geistes eine befriedigende Antwort zu geben: Alles vereinigt sich, um zu beweisen, daß der weite Ruf jener Ansicht von der Existenz Gottes, die sich durch Weltbetrachtung bildet, ein wohlbegründeter ist und daß jeder, welcher durch Gründe beweglich ist, ihr beipflichten muß, wenn er nicht falsch wählen, nicht unvernünftig sein will. Der Geist kann nicht blos fragen, er kann auch antworten; wenn er nicht ganz in's Eitle verloren ist, wird er gelehrig und zum Finden tüchtig sein und auf eine Grundursache der Bewegung aus den verschiedenen Bewegungen schließen; denn eben deßhalb, weil unter ihnen die eine Ursache, die andere Wirkung ist, kann das Sein nicht in Nichts verloren sein, sondern muß ruhen auf einer Grundursache, d. h. auf Gott.

3. In ganz anderer Weise finden wir die Anschauungen des Atheismus im Auto: „**Der Baum der besseren Frucht**" vertreten. Im Auto: „Zu Gott aus Staatsklugheit", erscheint der Atheismus in seiner wahren Gestalt und so kann ihn der forschende Geist offen angreifen, ihn im geistigen Kampfe von Position zu Position zurückdrängen, bis er ihm endlich gar keinen Platz unter vernünftigen Menschen zugesteht und ihm der Gedanke mit einer Behandlung droht, wie sie dem Thiere gegenüber am Platze ist. Dieser offenen Erscheinungsweise des Atheismus gegenüber werden im Auto: „Der Baum der besseren Frucht", seine Worte einer anscheinend ganz anderen Person, der „Idolatrie", in den Mund gelegt. An den Hof des weisesten der Könige paßt natürlich nicht der Thor „Atheismus", zu einer Unterredung mit der wißbegierigen Königin des Ostens kann nicht der ungeschlachte Wilde beigezogen werden, und so spricht denn im Namen des Atheismus die Dame „Idolatrie", die später zu Jerusalem auch von Salomo großer Ehren gewürdigt ward, in scheinbar gelehrtem, ja geistreichem

Vortrage; die ganze Disputation wird dem Charakter des Auto's selbst entsprechend — die Scenen spielen sich ja am Hofe ab — in ruhiger akademischer Unterhaltung geführt; während im ersten Auto der Geist stürmisch vordringt und der Gedanke ihm noch voraneilt im heftigen Angriff auf den Atheismus, sehen wir im zweiten selbst grobe Verstöße gegen die Wahrheit, deren sich die Idolatrie schuldig macht, von Salomo sein ignorirt; auch fehlt die Rolle des Graziofo, der etwa eine Ungeschicklichkeit hätte begehen können. Der weise König selbst beginnt in thetischer Weise:

Salomo: . . . . Wollt' ich zum Grund der Gründe
Uebergeh'n, Asträa, würdest
Du auch seh'n, daß keine Wirkung
Wohl von allen, die im Weltall
So verschieden sind, aus diesem
Nicht entstehe.
Saba: Ha, was hör' ich?
Grund der Gründe?
Salomo: Was erstaunst du?
Saba: Was mir dunkel, das bewundr' ich,
Weil ich's zu verstehen wünsche.
Idol.: Ich will hierauf Antwort geben,
Und das möge hier ersetzen,
Die mir aufgetrag'ne Frage.
Musik: Nun schweigt und horcht
Es beginnen die Fragen, die Sprüche der Weisheit.
Idol.: Bei dem Anfang dieser Welt
Theilten sich mit Jupiter
Pluto und Neptun in sie;
Jupiter nahm sich den Himmel
Und Neptun das Meer, den Abgrund
Pluto, und im Weltenreiche
Ist der eine Herr des Blitzes,
Und ein andrer Herr der Meere
Und der Winde, noch ein and'rer
Herr des Abgrunds und der Schatten,
Als der erste Grund derselben.
Salomo: Wie als Heidin du doch sprachest!
Könnt ich dir auch leicht beweisen,
Daß ein so getheiltes Reich
Wohl ein schwaches und verwirrtes,
Laß ich diese Frage doch
Fallen, unter der Bedingung,
Daß du mir auch sagst, wer's war,
Der die dreie so vertheilet
Himmel, Meer und Abgrund (da doch
Was vertheilet ward, mußte sein),
Der den Himmel und das Meer
Und den Abgrund hat gemacht?
Idol.: Und wer hätt' es wohl vermocht,
Dies azurne Schloß da droben,

     Wo die Nacht wohnt und der Tag,
     Wo die Sonne und der Mond
     Und die Morgensterne herrschen,
     Wer wohl konnte den harmonisch
     Wirren Streit der Elemente,
     Die mit Früchten und mit Thieren
     Diesen Ball bevölkern, die dem
     Feuer Glanz, den Fischen Wasser
     Und den Vögeln Wind verleihen, —
     Wer wohl konnte das bewirken,
     Wenn's nicht jener wunderbare
     Zufall war, durch den das Weltall
     Aus sich selbst, zufällig nur,
     Selber sich geschaffen fand?
Salomo: Aus sich selbst, zufällig nur?
Idol.: Ja.
Salomo: Und jene Götter, welche
     Göttermacht wohl, es zu theilen,
     Doch zu schaffen nicht, besaßen,
     Wer denn, da du bei dem Satze
     Bleibst, wer schuf sie?
Idol.: Sie, sich selber;
     Blindem Irrthum folgst du nur.
Salomo: Daß sie selbst sich schaffen konnten,
     Mußt's nicht einen andern geben,
     Der sie selber schuf? Wer gab denn
     Ihnen Herrschaft und Verehrung?
Idol.: Niemand als der erste Mensch.
Salomo: Und wer schuf denn diesen ersten
     Menschen?
Idol.:   Diesen schuf Gebären.
Salomo: Welches Weibes?
Idol.:   Nun das erste
     Hat ihn sicherlich empfangen.
Salomo: Und dies allererste Weib
     Welcher Mann hat es gezeugt?
Idol.: Willst du in Unendlichkeit
     Also weiterforschend fragen?
Salomo: Nun, was will ich denn und mein' ich?
     Bis zu einem Wesen wir
     Kommen, das unendlich gut,
     Heilig, weise und allmächtig,
     Unbegreiflich ist und ewig,
     Aller Anfang und auch Ende
     Ohne Ende, ohne andern
     Grund, kann von dem Grund der Gründe
     Niemand Vorstellung gewinnen.
Idol.: Und wer wäre solch unendlich
     Wesen denn?
Salomo: Der wahre Gott
     Israels, der seine Ehre
     Seine Macht in sich genießend,

Ohne jemals andern Schmuckes
Zu bedürfen, um als Schöpfer
Sich zu zeigen, und um seinen
Innern Reichthum mitzutheilen,
Aus dem Nichts das All hervorrief,
Der den Himmel und die Erde
Schuf und alle Kreaturen,
Die das Weltgebäude faßt,
Lebende und unbelebte,
Und den Menschen, den vernünft'gen,
Den aus Lehm zur Erde bildend
Er zu andrer kleiner Welt
Machte. —

In stürmisch bewegter Scene hat Calderon den Geist nach dem Grunde aller Bewegung forschen und so in kosmologischer Weise den Beweis für das Dasein Gottes liefern lassen; die ruhige geordnete Unterhaltung am Hofe Salomo's liefert uns auf dem Wege des teleologischen Beweises folgende Resultate:

1. **Es muß, so verschieden auch die Ursachen in der Welt sein mögen, wegen der Ordnung der Welt eine alle beherrschende Grundursache** (causa de causas) **geben.** 2. **Die Ordnung der Welt wird nicht durch die Annahme von secundären Grundursachen erklärt,** weil sofort die Frage entsteht, wer die secundären selbst hervorgebracht hat. 3. **Die Ordnung, und ebenso die Existenz der Welt läßt sich nicht aus einer unendlichen Reihenfolge von Hervorbringungen und Gestaltungen erklären,** weil auch hier wieder die Frage nach dem letzten Grunde dieser Reihenfolge und ihrer Fähigkeit, sich zu entwickeln, gestellt werden muß. 4. **Es ist nicht gestattet, bei der Entwicklung stehen zu bleiben,** weil dieselbe nicht die Eigenschaften der Grundursache haben kann. Darum heißt es: Bis zu einem Wesen wir kommen, das unendlich gut, heilig, weise und allmächtig, unbegreiflich ist und ewig, aller Anfang und auch Ende, ohne Ende, ohne andern Grund (principio eterno), kann von dem Grund der Gründe Niemand Vorstellung gewinnen (wörtl. im Span. no es posible dár á causa de causas conocimiento, ist's nicht möglich, die Grundursache darzulegen). Die Idolatrie spielt in der citirten Scene eine eigenthümliche Rolle: nicht nur, daß sie den fauxpas macht, ganz wie der rohe Atheismus, vom Zufall als Grund zu sprechen, d. h. den Mangel des Grundes als Grund auszugeben, sie klammert sich auch möglichst lange an die Götter an, um der Frage nach dem Urgrunde der Dinge, somit auch ihrer sogen. Götter aus dem Wege zu gehen, zwei Versuche, der zwingenden Gewalt der Denkgesetze sich zu entziehen. Warum sich aber die Idolatrie mit solcher Innigkeit der Gedanken des Atheismus annimmt und für ihn in die Schran=

ten tritt, werden wir später sehen. Salomo bemerkt scheinbar das grobe Versehen der Idolatrie gar nicht, vielmehr knüpft er in seiner Entgegnung da an, wo ein gemeinsamer Boden des Disputirens äußerlich noch vorhanden, bei der Lehre von den Göttern; hinter dieser Lehre nun hält sich der Atheismus der Idolatrie versteckt, weil sie sich bei den zweiten Ursachen anklammern und ja nicht den entscheidenden Schritt thun will; sie merkt jedoch sogleich, daß sie so auf die neue Vernunftwidrigkeit einer unendlichen Reihe kommt, die in der Luft schwebt, ohne daß sie Jemand hält. Den Versuch, etwa im Pantheismus den Stützpunkt hiefür zu gewinnen, kann sie nicht mehr machen, indem der weise König sofort die Möglichkeit einer Lösung dieser Schwierigkeit (mit Hilfe des Pantheismus) abschneidet. Ihm ist der Lenker des Alls ein persönlicher, wahrer Gott, der Gott Israels, der nicht als nothwendige (sin tener necesidad), sondern als freie Ursache, nicht als stoffliche, sondern als machtvolle (por ostentarse criador) Grundlage, als von der Welt verschiedenes, von obenher sich mittheilendes (comunicar se excelso) Princip Alles nicht aus sich, sondern aus dem Nichts hervorrief. Ferner zählt Salomo eine Reihe von verschiedenen, in ihrer Stufenfolge mannigfaltigen Wesen auf, um die primäre Ursächlichkeit des freien göttlichen Willens für jedes einzelne darzulegen; hiedurch zieht er auch der Annahme einer Wesensemanation ebenso den Boden unter den Füßen hinweg, wie der gesammten pantheistisch-deistischen heidnischen Götterlehre; die sublimsten, am feinsten ausgebildeten und am klügsten versteckten Formen des Atheismus sind aber in beiden Systemen (Pantheismus und Pseudodeismus) unzweifelhaft im Keime enthalten, wie wir später sehen werden.

4. Wie es keine physische Ordnung, keine Teleologie gibt ohne Existenz Gottes, so ist auch die moralische Ordnung des Geistes undenkbar ohne die Existenz des wahren Gottes, und umgekehrt führt die Leugnung dieser Existenz im Menschen die moralische Unordnung in ihrem vollsten Umfange mit absoluter Nothwendigkeit herbei. Die Zweckmäßigkeit und Schönheit der Welt ist nur durch die Weisheit dieses lebendigen Gottes, das Gewissen, das Sittengesetz im Herzen des Menschen nur durch ein unabhängiges, getrennt von aller Kreatur existirendes persönliches höchstes Wesen erklärlich; durch Ignorirung und Nichtbeachtung des heiligen göttlichen Wesens entsteht die Unordnung auf sittlichem Gebiete, die Leugnung Gottes macht die Immoralität sogar berechtigt. Calderon zeigt nun, wie der Atheismus durch sein Thun und Treiben jeglicher Sittenordnung Hohn spricht und Hohn sprechen darf, weil für ihn keine Schranke und kein Zügel der Leidenschaften existirt. In seinem A. „Das neue Armenhospiz" führt

er uns den **praktischen Atheismus**, die in's Leben eingetretene
Leugnung Gottes vor. In diesem A. bekämpfen sich Judenthum, Apo=
stasie und Idolatrie; gegen die Ausschreitungen der Sinnenlust, zu
denen die Idolatrie einladet durch ihren Götzendienst, empört sich im
Judenthum und in der Apostasie das bessere Gefühl, und sie rufen:

> Welch ein Vorschlag, ganz entgegen
> Der natürlichen Vernunft!

Nun tritt der Atheismus auf und spricht zu den vorigen ge=
wendet:

Ath.: Auch, was ihr sagt, widerstrebt ihr.
Welcher Gott, o Judenthum,
Kann es sein, den du erwartest?
Welcher Gott, Idolatrie,
Kann, wie deiner, so sein Reich
Noch mit andern Göttern theilen?
Welcher Gott, Apostasie,
Kann es sein, dem den Gehorsam
Du, den einst du ihm geschworen,
Treulos weigerst? Wenn nun hier
Deine Hoffnung auf den Einen,
Deine Menge, die du glaubest,
Und dein Nichtversteh'n der Wunder
Deines Gottes, euch uneinig
Also macht, wär's dann nicht besser,
Hier auf breitgebahntem Wege
Geh'n, als auf so engen Pfaden,
Keinen andern Gott erkennend,
Als natürliches Verfügen
In den Dingen, welche nur
Selbst sich durch sich selber schufen?

Jud.: Durch sich selber? Wie denn konnte
Jene erste Grundmaterie,
Welche die Propheten Nichts
Und die Dichter Chaos nennen,
Aus sich selber sich entwickeln?

Apost.: Solch erhab'ne Werke, ohne
Schöpfer, wie vermochten diese
Zu entsteh'n?

Idol.   Wenn es keine Götter
Gäbe, die darüber wachten,
Wie denn konnten sie, geschaffen,
Durch sich selber sich erhalten?

Ath.: Nichts versteh' von ersten Gründen,
Noch von zweiten ich; nur das
Weiß ich, ohne mit Ideen
Mich zu quälen, meinen Geist
Hier mit Schlüssen zu ermüden,
Daß die Werke, wie auch groß und
Wunderbar sie immer seien,
Hier wir schon entstanden finden,

     Und sie dann verlassen müssen,
     Wenn genossen wir sie haben.
     Darum sei mein Bauch mein Gott;
     Essen will ich nur und trinken,
     Während noch das Leben dauert,
     Andre Ehre, andres Leid
     Gibts als Leben nicht und Sterben.
Jud.: Schweige Thor!
Apost.:   Halt deine Zunge
     Du Barbar!
Jdol.:   Nicht weiter rede
     Mensch, unwürdig der Vernunft!
Jud.: Nicht vernünftig ist der Mensch,
     Der den ersten Urgrund leugnet
     Gottes, diesen Grund der Gründe,
     Sondern eine andre Art
     Thörichter Vernunftbegabter,
     Welche (David hat's gesagt,)
     Bei sich selbst in ihrem Herzen
     Mit stumpfsinn'gem Geiste sprechen
     Nein, nicht gibt es einen Gott.
Apost.: Und welch größeren Beweis
     Gibt es, daß es einen gibt,
     Als, daß Jemand doch gewußt,
     Was du sprachst in deinem Herzen?
     Da mit dem, der in Prinzipien
     Irret, man nicht streiten kann,
     Lassen wir ihn in den Klüften
     Seiner wüsten Ignoranz
     Als ein Thier da unter Thieren.

     (Alle entfernen sich außer dem Atheismus.)
Ath.: Wie zufrieden sie von dannen
     Zieh'n, daß sie beschimpft mich haben,
     Just, als ob ich mich bekümm're
     Viel um Ehre und um Schmach!
     Unbrauchbar sind diese Sachen
     Beide, sie beläst'gen nur;
     Wenn sie fehlen, merkt man's nicht,
     Sind sie da, so sind sie unnütz.
     Leben will ich, wie's behagt mir,
     Ohne daß mich was betrübe
     Noch erfreue. Dies beweise
     Hier auch der geringe Kummer,
     Den mir's macht, daß ich erfahre,
     Was für neue Stimmen das,
     Die mir langweilig zu hören,
     Während die vor Neugier sterben.
     Mit mir reden sie entweder,
     Oder nicht. Spricht man zu mir,
     Komme man, mich aufzusuchen,
     Und wenn nicht, was soll ich, ihnen

Nachzulaufen, mich ermüden?
Also will ich hier genießend
Meiner Trägheit süße Ruhe
Warten, was sie mir wohl sagen,
Wenn mit mir sie reden wollen.
(Der Glaube*) tritt auf.)

Glaube (singt): Ha, Atheismus, Blinder,
Der eignen Schmach Verkünder,
Anbeter deines Bauches,
Die Wahrheit hör', zu deinem Heile brauch' es!

Ath.: Wer bist, unbekannte Fremde,
Du, an diesen lyb'schen Küsten,
Die ich nie noch sah an ihnen?

Glaube: Heut betret' ich sie zuerst.
(singt):
Da ich geseh'n, wie träg
Dein Unverstand sich reg',
Und wie dein Stumpfsinn mehr
Dem Gaumen Glauben schenkt als dem Gehör,
Und ob mein Rufen du
Auch hörtest, träger Ruh
Nur pflegtest, ohne mich
Zu suchen, komm' ich aufzusuchen dich.

Ath.: Nun, was willst du, und wer bist du?
Denn noch immer läßt du zweifeln
Mich, o du, die einer Blinden
Wesen, wie es scheint, mir zeigend,
Mit dem Stabe, den du trägst,
Deiner Schritte Richtung leitest,
Und mit deiner süßen Stimme,
Mit dem Zauber deiner Schönheit
Und der ungewohnten Tracht
So mich in Verwund'rung setzest,
Daß ich, glaubt' an eine Gottheit
Ich, daß du's wohl seiest, glaube.

Glaube (singt): Ich bin der Glaube eben,
Den du nicht kennst, und geben
Soll meine Stimme hier
Das Licht für deine dunklen Nebel dir.
Der König, der regieret,
Was sich auf Erden rühret,
Und herrscht auf höchstem Thron,
Beschloß nun zu vermählen seinen Sohn.
Die Braut, so schön und rein,
Soll Sunamitis sein.
Der Name deutet drauf,
Daß krank sie schläft und wacht vollkommen auf.
Daß diese sel'ge Ehe
Nun feierlich geschehe,

---

*) Spanisch: **La Fé** (weibl. Pers.).

Lud er den Erdkreis ein,
Bei einem Abendmahl sein Gast zu sein,
Wo Wunder jede Speise,
Er zeigt auf diese Weise,
Wie sehr dein Glück er liebt,
Da er dir Kunde durch den Glauben gibt.
Und kommst du jetzt mit mir
Und glaubst mir Alles hier,
Dann wirst du seh'n die Pracht
Von seiner Liebe, Wissenschaft und Macht.

Ath.: Welche Wissenschaft und Macht,
Welche Liebe gibt es, die
Mich inkommodiren könnte?
Soll an andern Tisch mich setzen?
Fehlt mir etwas an dem meinen?
Soll zu einem fremden König
Gehen, welchen ich nicht kenne?
Nicht im Himmel, nicht auf Erden
Weiß ich andern Gott und König,
Als der mir im Magen herrschet.
Wenn du sagst, daß seine Speisen
Tiefe Wunder dort verbergen,
Läßt's mich ruhig, denn nicht kenn' ich
Hier ein anderes Geheimniß,
Als was mir am besten schmeckt,
Und am meisten mich ernähret.
Und damit du seh'st, daß nur ich
Darauf denke, daß dies wachse,
Geh' ein Landgut zu beseh'n
Jetzt ich, das ich mir gekauft,
Daß es reiche Ernte bringe,
Meinen Schlund zu regaliren.
Dieses laß' ich jenem König,
Sei er, wer er sei auch, sagen.
Wart' auf keine and're Antwort,
Noch bestreite jetzt mir diese,
Denn ich kenne keine and're
Wissenschaft, noch Macht noch Liebe,
Als, daß ohne Zaum und Zügel
Heut' ich leb', und morgen sterbe.
Komme, was da kommen mag.

Das ist die Sprache des praktischen Atheismus. Wenn wir seine Machtsprüche für's Leben, denn von Gründen kann hier keine Rede sein, kurz zusammenfassen, so sagt er ungefähr Folgendes: 1) Es ist zu mühevoll, sich um Gott und das Verhältniß zu ihm zu bekümmern. 2) Der Mensch kann sich am besten dem Genuß hingeben, wenn er sich weder um Gott, noch um geistige Dinge bekümmert, („Nichts versteh' von ersten Gründen noch von zweiten ich" u. s. f.). 3) Unberührt bleiben von jeder geistigen Anregung und einzig und allein sich der Behaglichkeit hingeben ist höchster Genuß; endlich 4) Dieser Genuß ist einziger und höchster Lebenszweck, und man soll sich demselben ohne Zaum und Zügel hingeben, „komme, was da kommen mag." Diese allen geistigen Beschäftigungen, allen edleren Regungen, ja dem natürlichen Gesetz der Bewegung und Thätigkeit widersprechenden Maximen des Atheismus wären aber vollkommen berechtigt, wenn es keinen Gott gebe; somit ergibt sich die nothwendige Folgerung, daß ein Gott existiren muß, wenn ein Sittengesetz, wenn die menschliche Vernunft existirt.

Es läßt sich die Existenz des persönlichen Gottes gar nicht besser beweisen und die Ungereimtheit des Atheismus nicht leichter darthun, als wenn a t h e i s t i s c h e G r u n d s ä t z e i m L e b e n durchgeführt werden, oder wenn nur im Leben Gottes Dasein consequent ignorirt wird. Wie die Praxis, das Leben der Prüfstein jedes Philosophems ist und über seine Wahrheit oder Unwahrheit entscheiden muß, so wird auch der Atheismus durch das Leben gerichtet, das nach seinen Maximen geführt werden kann und, wie die Geschichte zeigt, schon geführt worden ist. Durch seine Darstellung des praktischen Atheismus hat Calderon zugleich den theoretischen auf's Schärfste verurtheilt, weil beide im Wesen dasselbe sind; verschieden sind nur die Seelenkräfte, von denen er aufgenommen wird, die Verirrung ist die gleiche, sei sie geistiger oder sei sie moralischer Atheismus, wie denn auch in concreto beide einander zu begleiten pflegen; „Keine andere Wissenschaft, Macht und Liebe k e n n t, keinem Zaum noch Zügel g e h o r c h t der Atheismus als daß er heute lebt und morgen stirbt."

5. Im A. „Die göttliche Philothea" tritt ebenfalls der praktische Atheismus auf, doch diesmal tritt er nicht öffentlich als solcher hervor, sondern er spielt seine Rolle unter der Maske eines schmählichen Indifferentismus. Von der Welt angeworben, um für den Teufel Kriegsdienste gegen die christliche Seele „Philothea" zu leisten, wird er als Spion verwendet, macht aber seine Sache herzlich schlecht. Lorinser bemerkt über diese dem Atheismus von Calderon zugewiesene Aufgabe: „Der Atheismus wird wohl deßhalb von der Welt zum Spion vorgeschlagen, weil er in der Regel im Verborgenen schleicht und sich nicht offen in seinem wahren Wesen zu zeigen wagt. So war es wenigstens zur Zeit Calderons; erst die neueste Zeit hat es erlebt, daß Einzelne sich nicht gescheut haben, offen als Atheisten sich zu bekennen; die große Masse seiner Anhänger verbirgt sich auch heutzutage hinter der Maske des Pantheismus." „Die Trägheit und Stupidität ist das charakteristische Merkmal des Atheismus (ebenso wie in dem A. „Zu Gott aus Staatsklugheit"). Der Atheismus kennt gar keinen Zweck, weil er den höchsten Zweck des Daseins leugnet. Deßhalb dient er nur bewußtlos

den Zwecken des Teufels, und gehorcht nur gezwungen, um das Leben nicht zu verlieren. Den angedrohten Verlust der Seele achtet er nicht, weil er nicht an ihre Fortdauer nach dem Tode glaubt." „Der als Spion abgeschickte Atheismus erfüllt seine Aufgabe schlecht. Er wundert sich darüber, wie er sich dahin habe bringen lassen, sein irdisches Leben, das einzige, an das er glaubt, im Kriege auf's Spiel zu setzen. Er ist bereit, sich lieber gefangen nehmen zu lassen, als sich der Gefahr bloßzustellen, und legt sich deßhalb schlafen. Calderon stellt unter dem Namen des Atheismus in der Regel jenen trägen und bequemen Epikuräismus dar, der keine Lust hat zu Kampf und Streit für seine Ansichten und noch nichts von jenem wüthenden Fanatismus kennt, den der Atheismus erst in neuerer Zeit (erst in der französischen Revolution) entfaltet hat." (Siehe jedoch w. u. „Pläne des Atheisten.") Die betr. Stellen lauten:

 Welt: Als Spion, wenn meine Meinung
   Hier ich sagen soll, mag gehen
   Wohl der Atheismus, welcher
   Zum Spion allein sich eignet.
 Teufel: Antitheos!
 Ath.:   Was befiehlst du?
 Teufel: Daß du von der Nacht bedecket,
   Hin zu jenen Mauern schleichest,
   Und im Dunkel des Gebüsches
   Wohl verborgen, in des Morgens
   Frühe die Bewegungen
   Draußen, oder in dem Platze
   Drinn, erspähest; und dann komm' und
   Bring uns Nachricht alsobald,
   Wie du kannst.
 Ath.:   Verzeih', ich kann nicht
   Weder früher noch auch später
   Geh'n und kommen.
 Ein Soldat: Thor, warum nicht?
 Ath.: Weil ich vorher nicht und nachher
   Weder geh, noch komm', ihr Herren.
 Teufel: Nun, wird's bald? Er gehe, oder
   Nehmt ihm 's Leben und die Seele!
 Ath.: Nur das erste wäre leid mir
   Denn was liegt am zweiten, wenn ich
   Keine habe?

— — — — —

 Ath.: Wer hat mich dazu gebracht,
   Dorthin mich hier zu begeben,
   Wo, nach Kriegsbrauch, nicht zu leben,
   Nein, zu morden 's Handwerk macht,
   Da 's kein weit'res Leben gibt?
   Und da mir's auch einerlei,

Ob ich selbst gefangen sei,
's Wachen wenig mir beliebt.
Will des Schlafs mich drum erfreu'n.
Traum, nicht stör' mich! Gute Nacht!
(Er will sich niederlegen.)

Glaube: Schritte hör' ich.
Alle: Habet Acht.
Glaube: Wer geht da?
Ath.:   Nun, wer soll's sein?
Ich bin's.
Glaube: Hemme deine Schritte,
Sonst empfängst du sichern Tod.
Sprich, wer da?
Ath.:   's hat keine Noth,
M e i n e nur sind diese Tritte.
Glaube: Deinen Namen sag', wenn weiter
Du noch geh'n willst.
Ath.:   Wollt erlauben,
Antitheos.
Glaube: Wohl den Glauben
Läßt d e r Nam' nicht allzu heiter,
Nicht umsonst steht wohl am Steuer
Unser's Streifzugs hier am Orte
Glaube, euch zum sichern Horte.
Wilder Flegel, Ungeheuer,
Stirb, von meinem Feu'r getroffen.
Ath. (entfliehend): Glaub' ich auch kein andres Leben,
Will doch zu entflieh'n ich hoffen
Deiner Waffe; Sterben eben
Steht mir später auch noch offen.

Die Haupteigenschaften dieses vierten Vertreters des Atheismus sind kurz zusammengefaßt: 1) Er ist und heißt A n t i t h e o s, 2) er ist die personifizirte U n t h ä t i g k e i t, 3) er huldigt m a t e r i a l i s t i s c h e n Anschauungen, 4) er ist vollständige U n n a t u r. Der feige, zu allem Guten — ja auch zum Schlechten unbrauchbare Atheismus nennt sich Antitheos. Dieser nach der Analogie des biblischen Namens „Antichrist" gebildete Name Antitheos, „W i d e r g o t t" besagt wohl Folgendes: Das Leben des (praktischen) Atheismus versinkt so tief in das Eitle, Leere, Sinn- und Wesenlose, ja in eine Art Nichts, daß der Atheismus als vollständigster Gegensatz zum erhabensten Sein d. h. zu Gott erscheint. Der Atheismus ist N e g a t i o n d e s D e n k e n s, E r s c h l a f f u n g d e s W i l l e n s: Gott ist die Fülle der Wesenheit und Actus purus. — Als Antitheos ist der Atheismus geist- und energielos und verfällt, unbrauchbar für Alles, in ein Schlaf- und Traumleben, ja selbst der Traum ist ihm noch zu viel Thätigkeit, „Traum nicht stör' mich! Gute Nacht!" Wir haben hier den Vertreter jener modernsten Philosophie, die, jedem Denken und aller Thätigkeit feind, sich in's Nichts vergräbt. Traumloser Schlaf, unbewußtes Leben, wo möglich das Nichts ist das Ideal dieses Atheismus, sein Wesen bloße Negation, seine Weisheit, nichts zu denken, sein Zweck, keinen Zweck zu haben, sein Thun das Nichtsthun. Dieser Indifferentismus gegen alle Thätigkeit macht ihn selbst dem Teufel verächtlich und stempelt ihn zu einem Ungeheuer. Es versteht sich dann von selbst, daß er in materialistische Anschauungen über die Seele geräth, weil seine Seele sich nicht der Materie entringen kann; ja tiefer noch sinkt er, während die Materie, sein Vorbild, doch von ewigen Gesetzen gehalten ist, geräth der Atheismus in die Unnatur, in den Widerspruch mit dem eigenen Wesen, mit seiner Vernunft und Freiheit, fällt immer tiefer und tiefer, bis er durch den bodenlosen Schlund des Nihilismus und Pessimismus in den Abgrund der äußersten Finsterniß alles Denkens und Wollens versinkt. Diese letzten Consequenzen, deren unwiderstehliche Macht immer weiter fortreißt, sowie den vollständigen Widerspruch des consequenten Epicuräismus gegen die menschliche Natur schildert Calderon im A. „Der stumme Teufel."

Mensch: Wer doch verloren,
Mag nun auch verloren geh'n.
Bring mich, Appetit! dorthin,
Wo mein Bett und wo mein Tisch
Werde Epicurs Altar,
Wo Unmäßigkeit und Wollust
Meinen Bauch als Gott verehren.
Natur: Trau nicht seinen (des Appetits) Schmeicheleien
Schon begeht die Sünde, wer
Mit Vergnügen an sie denkt.
Mensch: Laß uns essen, laß uns trinken,
Liebe menschliche Natur,
Morgen werden wir ja sterben,
Appetit, komm'!
Natur: Höre!
Mensch: Laß mich!

So ist denn nach Calderon das Leben nach atheistischen Maximen ein naturwidriges, und die Stimme der Natur selbst, die es verabscheut, beweist die Falschheit des praktischen wie theoretischen Atheismus, und legt für die Existenz Gottes Zeugniß ab.

Faßt man nun Alles zusammen, was in den vier Autos gesagt ist, in welchen die Lehren und das Leben des Atheismus aufgetreten, so finden wir, daß der Atheismus in vierfacher Gestalt vorgeführt worden ist: zuerst kam der offen auftretende, gewissermaßen ehrliche, theoretische Atheismus, sodann der geheime unter pantheistisch-polytheistisch-deistischer Maske verhüllte Atheismus (dieser nimmt die mannichfaltigsten Formen an und erscheint besonders gern als heuchlerischer Deismus); darauf der **praktische**, grundsätzlich einem gottentfremdeten und somit zügellosen Leben ergebene Atheismus, zuletzt endlich erschien jener **indifferente praktische Atheismus**, der zur Stupidität herabgesunken als vollständigster Gegensatz zur Erkenntniß und zur Beachtung der Existenz Gottes sich darstellte; sein Thun und Treiben wurde als Spionendienst gegen Gott der Aufgabe nach, als Schlaf und Indolenz der Ausführung nach bezeichnet. Sollen wir nun diese vier Gattungen mit deutschen Namen benennen, so würden die beiden ersten mehr den Namen „Gottesleugnung", die beiden letzten den Namen „Gottlosigkeit" verdienen. (Man vergl. hiezu Cald. Romanze: „Seufzer eines Sterbenden," wo der Sünder sagt: „Also gottlos leb' ich, als wär' ich je von Gott los.") Die Gottesleugnung ist entweder offen oder versteckt, die Gottlosigkeit entweder entschlossene Immoralität oder stumpfer Indifferentismus. Diesem vierfachen Gegensatze gegenüber sehen wir bei Calderon in vier indirekten Beweisen, kosmologisch, teleologisch, moralisch und ideologisch das Dasein Gottes als erstes Postulat für alles secundäre Sein und für alles moralische Leben des Menschen dargestellt.

6. Die **Folgerungen** aus der Existenz einer causa de causas (Lor. übers. des Verses wegen Grund der Gründe), aus der Nothwendigkeit einer Richtschnur für das Leben (su Poder, Amor, y Ciencia) zieht Calderon an vielen Stellen seiner Autos. Zunächst haben wir Gott als das Höchste und Innerste von Allem zu betrachten; für uns Menschen im Besonderen ist er **objektiv** das Centrum und die Ursache unseres Seins und Lebens, und soll es **subjektiv** für unser Denken und Wollen sein. Darum ist die erste Folgerung aus der Existenz Gottes die **Erkennbarkeit** derselben Seitens des Menschen. Nach Art des ontologischen Beweises läßt nun Calderon im A. „Zu Gott aus Staatsklugheit" den „Geist" folgender Maßen schließen:

> Geist: Wäre Gott nicht zu erkennen,
> Wär' er Gott nicht; ich beweis' es;
> Denn das Gut, das stets verborgen,
> Wär' ein unvollkomm'nes Gut nur,
> Und da Gottes heilig Wesen
> Nimmermehr ein unvollkomm'nes,
> Muß er auch ein mittheilbares
> Wesen sein.

Daraus, daß Gott die erste Ursache aller Wesen ist, läßt Calderon folgerichtig seine **Herrschaft** über Alles und seine Priorität vor Allem entwickeln: Attribute, welcher von Seiten des mitgetheilten Seins natürlich die vollste Unterwerfung gebührt. Darum heißt es im nämlichen A.

Heidenthum: Wenn du erste Ursach meinst
Mußt du höchste Macht auch meinen,

    Die der Ursprung aller Wesen,
    Welche ewig ist und sein wird.
  Geist: Recht verstehst du's.

Als erste Ursache des Seins aller anderen Wesen ist Gott Schöpfer; beides sind identische Begriffe; wer Schöpfer sagt, sagt erste Ursache und umgekehrt. (Im näml. A.) Das erste Verhältniß zwischen Gott und allem geschaffenen Sein spricht Calderon im A. „Das große Welttheater" mit den schönen Worten aus:

  Meister: Es ist dein Herr und Schöpfer,
    Deß Stimme Hauch, deß Hand gewaltig Weben
    Die Form verlieh, des mächtiges Umschweben
    Des ungeformten Stoffes erster Töpfer,

worauf die Welt mit den Worten: „Mein erhabener Herr und Schöpfer" den ersten Tribut ihrer Anbetung bringt.

Gott ist in einer ganz andern Weise Urgrund aller Dinge; als geschaffene Wesen für andere Wesen Ursachen sind: das Sein kann nur er geben. So sagt denn auch im A. „Der Baum der besseren Frucht":

  Salomo: Auch das kleinste Moos
    Ist von Gottes Macht ein Strahl,
    Und kein Können gibt's auf Erden,
    Das nur einen Grashalm schafft,
    Denn dies höchste Attribut
    Des Erschaffens kommt dem Schöpfer
    Zu, nicht dem Geschöpf.

Sekundäre Ursachen sind wirksam, doch ist ihr Können von Gott und es richten sich ihre Gesetze nach Gottes Willen. Darum sagt im A. „Das große Welttheater"

  Die Welt: Bin auf deinen Wink gewärtig,
    Da ich auszuführen habe,
    Was du angibst, und das Werk nur
    Mir gehört, doch dir das Wunder.

Da nun aber Gott alle sekundären Ursachen hält und trägt, unmittelbar zugegen ist bei ihrem Wirken („Gänzlich Aug' für ihre Uebel, gänzlich Hand für ihre Wohlfahrt, gänzlich Ohr für ihre Stimme" nennt ihn im A. „Zu Gott aus Staatsklugheit" die Synagoge), und als erste Ursache „also kräftig ist, daß die zweiten (d. h. die Naturkräfte) alle ihrem Willen gehorchen mußten", darum ist er auch der einzige freie Lenker der Dinge und mit Recht betet im A. „Der Baum der besseren Frucht"

  Saba: O Geist! o göttlich Leben!
    Der du in der azurnen Sphäre droben
    Als Grund der Gründe thronest, hoch erhoben,
    Dich einzig ruf ich an,
    Seit ich des ersten Ursprungs Licht gewann.

Dieser Gott aber, welcher unendliche Weisheit („gänzlich Auge") unendliche Macht („gänzlich Hand") und unendliche Liebe („gänzlich Ohr für uns") in sich vereinigt, also freier persönlicher Geist ist, ist einzig und allein der in der Geschichte den Menschen kundgewordene Gott Israels. Das Wort des Dekalogs: „Ich bin der Herr dein Gott", leuchtet uns ganz besonders aus den alttestamentlichen Autos Calderons hell entgegen. (So durch das ganze A. „Die eherne Schlange," „Das Nachtmahl des Königs Baltassar," „Mystisches und wirkliches Babylon" und andere. Siehe oben 3. „Der Baum der besseren Frucht.") Wir haben uns also nach Calderons Darstellung unter Gott nicht einen bloßen Begriff, eine Abstraktion, nicht ein Phantasiebild, nicht eine Kraft in der Welt, nicht eine Vereinigung geistiger Potenzen, sondern den realen, persönlichen, von der Welt dem Wesen nach verschiedenen, vom menschlichen Geiste unabhängigen, freien und geistigen Gott zu denken, wie ihn das A. und N. Testament uns lehrt.

7. Daß nun auch die ganze Ordnung in der Welt dem einen Gott anheimgestellt ist, daß derselbe nicht nur in seiner Heiligkeit allem geschöpflichen Sein unendlich fern, sondern auch in seiner Gerechtigkeit und Barmherzigkeit seinen Geschöpfen, vorzüglich aber uns Menschen, überaus nahe steht, ersehen wir ganz besonders aus dem A. „Kein anderes Glück als Gott." Ebendaselbst ist jedoch auch dargestellt, woher es kommt, daß der Mensch oft nicht den ersten Grund, Gott, erkennt oder erkennen will. Gott, der absolut Heilige, der „Sünden wohl vernichten aber nicht begehen kann" (A. „Zu Gott aus Staatsklugheit") wird dem menschlichen Geiste in dem Maße fremder, als der Mensch in die sekundären Ursachen sich versenkt — aus Verkehrtheit des Willens. So sagt denn im o. c. A. der Verführer des Menschen, der das wohl wissen muß, daß die menschliche Leidenschaft den klaren Blick trübt, so daß er die ordnende und leitende Hand Gottes im All nicht erkennt.

Teufel: Schon ja weißt du, Bosheit, wie
Gott mit seinem höchsten Walten
Allem vorsteht, daß er nichts
Hülflos, ohne Beistand läßt,
Daß seine Gerechtigkeit
Einem jeden auch ertheilet
Von dem allerkleinsten Wurme
Bis zum edelsten Geschöpfe,
Alles, was er nur bedarf,
Um des Seins kostbar Geschenk
Dem zur Ehre zu verwenden,
Ohne den es nimmer wäre.
Doch der Mensch, obgleich er diesen
Grundsatz kennt, so scheint er dennoch,
Wenn er ihm sich fügt, und wenn er

Sich beklagt, ihn zu verleugnen;
Seine Thorheit, unzufrieden
Mit dem eig'nen Loose, reißt ihn
Hin, denn wenn er die Bedrängniß
Und die Freude auch empfänge
Als unmittelbare Gabe
Gottes, mit derselben Miene,
Wäre weder jene Leid,
Noch die and're ihm Vergnügen,
Sondern Liebe alle beide.
Aber da nur allzu sinnlich
Dieses irdische und rohe
Fleisch und Blut, so sieht's nicht immer
Auch in Gott den ersten Grund;
Und mit menschlichem Affekte,
Sehend daß dem Sein mißfällt,
Nicht zu sein, was sein es wollte,
Sucht er einen zweiten Grund.

Dieses Suchen nach einem zweiten Grund ist aber Ursache der größten Verirrungen des Menschen, es ist eine Verletzung der Hoheitsrechte des eifersüchtigen einen lebendigen Gottes Israels und darum im höchsten Grade unerlaubt. („Du sollst keine fremden Götter neben mir haben und kein geschnitztes Bild machen, um es anzubeten" sagt das codifizirte Naturgesetz, die X Gebote.) Wir dürfen weder theoretisch noch praktisch jene erhabene Teleologie, die Ordnung und Zweckmäßigkeit des Universums, oder unsere eigenen Kräfte auf etwas anderes als auf den wahren Gott beziehen; weder speculativ noch im Leben dürfen wir uns ein anderes höchstes Ideal des Wahren, Guten und Schönen als letztes Ziel setzen als den Inbegriff der Ordnung, den lebendigen realen Gott.

Daraus ergibt sich die Falschheit der Ansicht, als ob auch der Heide als Heide Gott dienen könne, und Calderon spricht dies mit aller Bestimmtheit aus. Im A. „Zu Gott aus Staatsklugheit", läßt er das Heidenthum seine ganze Götterlehre philosophisch begründen und der Reihe nach die einzelnen Philosopheme, welche Natur= oder Menschen=Vergötterung lehren, von den Lehren der jonischen Naturphilosophen bis zur Vergötterung der Begriffe und des menschlichen Geistes auseinandersetzen und schneidet dann kurzweg die Discussion ab, indem er den Geist durch keines dieser mystisch=rationalistischen Systeme über das Wesen Gottes befriedigt werden läßt.

Geist: Ich sehe,
Daß, wer vielen Göttern dient,
Den nicht hat, den ich begehre.

Noch deutlicher läßt er im A. „Amor und Psyche" dem Heidenthum sagen:

Psyche: Bist im Irrthum
Ueber's höchste Grundprincip,
Denn wenn einer Vielheit du
Götteranbetung erweisest,
Leugnest du den ersten Grund
Und begreifst nicht, daß es nie
Mehr als eine Macht kann geben.

Im A. „Gekrönte Demuth der Gewächse" antwortet dem stolzen Lorbeerbaum, der sich mit den 30,000 Göttern des Heidenthums brüstet, der vorlaute Graziofo

Mandelbaum: Ja, und was für welche,

hiemit kundgebend, daß eben diese Götter nichts als Fiktionen sind und das Heidenthum in dem Maße von dem wahren Gott abziehen, als ihre Zahl sich mehrt.

Doch nicht blos die grobe Götzenanbetung in ihren manichfachen Erscheinungsformen, sondern auch die verkehrte Speculation, den Inhalt so vieler antiken und modernen Philosopheme läßt Calderon eine Mißachtung der Rechte des lebendigen Gottes sein; ihm ist das geistige und sittliche Streben nach Idealen, welche sich an Gottes Stelle setzen wollen, eine Art verfeinerter Götzenanbetung und er tritt dieser Ansicht entgegen, indem er die Gerechtigkeit im A. „Kein anderes Glück als Gott" sprechen läßt (gegen die Gottheit des „Glücks"):

Gerechtigkeit: Welche Eitelkeit, ihr Menschen,
Macht so blind euch und so thöricht,
Daß vergessend ihr, daß Gott
Erster Grund von Allem ist,
Nicht zu ihm mit eueren Klagen,
Eu'rem Dank euch wendet, huld'gend
Einer Gottheit, die nur Dunst
Auf Altär'n von Wind und Staub,
Wer verbreitete bei euch
Diesen Irrthum, der phantastisch
Euch betäubet und verwirret,
Der euch nach sich zieht, vom ersten
Grunde euch entfernend.

Mögen nun aber falsche Götter formell auf die Altäre erhoben worden sein (wie im Heidenthum), oder mögen in ideeller Weise zu Göttern gemachte secundäre, geistige oder materielle, ideelle oder reale Ursachen der Dinge in Philosophemen als Ursache und Ziel des All's dargestellt werden: in beiden Fällen läßt Calderon die Verkehrt=
heit des menschlichen Willens („Sehend, daß dem Sein miß=
fällt, nicht zu sein, was sein es wollte") oder die Schwäche des menschlichen Verstandes („Begreifst nicht, daß es nie mehr als eine Macht kann geben") Grund dieser Verirrung in der wichtigsten

Frage sein; ferner ist ihm die Schwäche des Verstandes in diesen Untersuchungen eine Folge des bösen Willens. („Welche Eitelkeit, ihr Menschen, macht so blind euch und so thöricht.") (Die oben citirten Stellen enthalten jedoch nur kurze Andeutungen über das Wesen des Polytheismus; dessen ganzes Wesen, das Calderon in nicht weniger als neunundzwanzig Autos sich entfalten läßt, in welchen das Heidenthum oder die Idolatrie oder beide als Personen auftreten, ließe sich nur dann eingehend behandeln, wenn die Theologie Calderons dargestellt würde: unter den zahlreichen Gesichtspunkten, die sich hier ergeben, ist das biblische Wort: Omnes dii gentium daemonia ganz besonders betont.)

Bevor wir die praktischen moralischen Folgerungen aus der Lehre vom einen wahren Gott kurz anfügen, möge im Anschluß an die mehr theoretischen Beweise für das Dasein Gottes und deren Corollarien noch eine Bemerkung Calderons hier angeführt werden, die für seinen Standpunkt in philosophischen Fragen sehr bezeichnend ist, und nicht wenig dazu dient, als Leuchte für's geistige Leben des Menschen den Weg zu weisen.

In Anbetracht der Mangelhaftigkeit aller menschlichen Forschungen über die grundlegende Wahrheit der Existenz eines persönlichen Gottes, und in Anbetracht der ernsten Pflichten, welche Consequenzen dieser Wahrheit sind, weist Calderon den Menschen an den Glauben, um zu lernen, was noth thut. Im A. „Das neue Armenhospiz" sagt die „Weisheit": der Glaube, dieses erste Fundament von Allem, solle nach Lybien gehen, in das afrikanische, wüste, wo noch mehr Thier als seine Thiere, Atheismus, der Barbar, hause, der anderen Grund der Gründe, als den Zufall leugne, den Zufall, der die beiden Prachtgebäude des Himmels und der Erde gebildet fand mit sammt den Menschen, Vögeln, Pflanzen, Blumen, Sonne, Mond und Sternen;"

> Denn ist's recht, daß dort zu jenem,
> Welcher irrt im tiefsten Grunde,
> Glaube geh', den er nicht hat,
> Deßhalb, daß er ihn erhalte.

8. Wie der kosmologische Beweis, der uns Gott als die höchste Macht vorführt, und der physiko-theologische (oder teleologische), der zunächst die Weisheit Gottes uns vor Augen stellt, gewisse Anforderungen an den Menschen stellen, gerade so weist auch die Thatsache, daß Gott aus dem Gewissen erkannt wird, umgekehrt uns wieder an, gemäß den Vorschriften des obersten Gesetzgebers zu leben, denn wir können uns weder über nicht genügende Kenntniß seines Willens beschweren, noch dürfen wir seiner allgebietenden Majestät wiederstreben. Erstere Wahrheit finden wir im A. „Zu Gott aus Staatsklugheit" ausgesprochen.

Geist: Im Gewissen
　　　Hat er allen ja gegeben
　　　Licht genug, um zu der Wahrheit
　　　Hinzufinden stets mit Klarheit,
　　　Es genüget, daß im Leben
　　　Täglich von ihm Zeugniß geben,
　　　Feuer, Wasser, Luft und Erde.

Die zweite Wahrheit, daß wir dieser allgebietenden Majestät, vor der die ganze Welt sich beugt, in unseren Handlungen Gehorsam leisten müssen, spricht im A. „Kein anderes Glück als Gott" die Gerechtigkeit aus:

Ger.:　　　Gottes höchste Macht
　　　Ueber allen stets wird schweben,
　　　Was im Traume*) ward gegeben,
　　　Gutes, Uebles, braucht's mit Acht!

Aus der Nichtbeachtung dieser Wahrheit läßt Calderon alle sittliche Unordnung entspringen. Aber er bleibt nicht dabei stehen, daß er keinerlei Widerstand gegen das höchste Sittengesetz und dessen Urheber, Gott, für berechtigt und durchführbar hält, sondern der bloße Indifferentismus, das Nichtbeachten und Vergessen des Herrn über alles Leben ist ihm als Wurzel vieler moralischer Uebel schwer sündhaft. Dies stellt er besonders in seinen moralisch-ascetischen Autos mit ergreifenden Worten dar, und läßt uns nicht nur einen Blick thun bis in die tiefsten Abgründe menschlicher Verirrungen, sondern er schildert auch den allmähligen Verfall des gottentfremdeten, der Vergänglichkeit hingegebenen Lebens mit psychologischer Tiefe; während er aber alle Irrgänge des gesammten Menschengeschlechtes wie der einzelnen Menschenseele, das Ringen der Leidenschaften und die Wege des Verderbens bloslegt, beleidigt er mit keinem Worte das sittliche Gefühl auch des zartesten Herzens; so sorgfältig sind seine Worte und seine Gedanken ausgewählt. Im Einzelnen dürften nachfolgende Andeutungen mehr Licht über diesen Gegenstand verbreiten, die dann auch genügen mögen.

a. Es ist eine Verletzung der Pflicht der Gottesverehrung, im Genusse der Natur und im Leben überhaupt Gottes zu vergessen; b. die Existenz Gottes muß nicht blos von den Einzelnen, sondern auch von der Gesellschaft, vom Staate, zum Anfangs- und Zielpunkte des Lebens genommen werden; c. es gibt keine dauernde Ordnung und kein Wohlergehen der Völker ohne Erkenntniß und Verehrung des wahren Gottes.

Wenn im A. „Der Thurm von Babel" die Lebensfreude und

---

*) D. h. im Leben.

der Naturgenuß eines **Cham** der Verehrung Gottes keine Beachtung schenkt, so ist diese Art von Welt= und Lebensanschauung schon durch die Persönlichkeit dessen gerichtet, der sie vertritt: das undankbare Geschöpf Gottes zeigt sich bald als undankbaren und nichtswürdigen Sohn seines irdischen Vaters. Der Ansicht des

>Cham: Geht ihr Andern nur geschwind,
>Bringt dem Herren Opfer dar:
>Denn nicht nöthig ist's, fürwahr,
>Daß wir Alle Opf'rer sind;
>Ueberflüssig ich es find'.
>Unterdessen will ich hier,
>Während sie mit heil'gen Sorgen
>Sich beschäft'gen diesen Morgen,
>Dieses irb'schen Himmels Zier,
>Berg und Thal betrachten mir.

>O wie besser wird die Zeit
>Doch zu solcher Lust verwendet,
>Als, daß Opferdienst man spendet
>Und dem Herrn Gebete weiht?
>Denn wenn seine Herrlichkeit
>Dieser Schönheit Schöpfer ist,
>Wird, wer jubelnd sie begrüßt,
>Wohl am meisten ihm gefallen;
>Und es ehret ihn vor Allen,
>Wer in Wollust sie genießt.

dieser, den Atheismus im Keime enthaltenden Nachlässigkeit gegen Gott steht entgegen, was im A. „Das große Theater der Welt" gesagt wird von der

>Weisheit: Sie*) genießend zu bewundern,
>Und mit Dank sich ihrer freu'n,
>Ist erlaubt und nicht zu tadeln;
>Nicht, die Schönheit zu genießen,
>Um so übel sie zu brauchen,
>Daß man glaube, nur zum Schauen
>Seien die Geschöpfe da.

Daß in der übermäßigen Hingabe des Herzens an die Welt schon an und für sich eine Art Vernachlässigung Gottes und der Keim des Atheismus liegt, zeigen die Worte des Teufels im A. „Der treue Hirt":

>Luzbel: Wie? Daß Gott sie Opfer spenden?
>Wohl unhöflich ist es sehr,
>Will man e i n e Gottheit ehren
>Andre anzubeten.

wozu Lor. bemerkt: d. h. da wir hier die Schönheit der Natur anbeten, so ist es für sie beleidigend, von einer anderen Gottheit zu sprechen.

---

*) Die Welt.

Der Abfall von Gott vollzieht sich aber ganz besonders dadurch, daß sein Walten in der Welt nicht beachtet, sondern einer erfundenen, fingirten Ursache, dem Glück, d. h. der abstrakten Idee einer Weltregierung zugeschrieben wird. Man gebraucht, um den Namen Gottes nicht zu nennen, um Gott nicht anzurufen, abstrakte, selbst fromm klingende Namen, will aber den persönlichen Gott nicht damit benennen; ein solcher heuchlerisch vorgeschobener Name ist: „die stets weise und erhabene Gerechtigkeit" (man vergl. das moderne „Vorsehung"). Sehr schön wird dieß entwickelt im A. „Kein andres Glück als Gott".

Bosheit: Was ist Glück?
Teufel: 'S ist eine
Göttin*), die erfunden ward;
Willst ihr Wesen du ergründen,
Wirst du's ganz in Eitelkeiten,
Nimmer in der Wahrheit finden.
Denn auf dieses Glücks Altären
Leuchtet nichts und blendet Alles.
Darum denk' ich, wenn die Einen
Danken für Annehmlichkeiten,
Andre über Leiden klagen,
Wenden weder die, noch jene
Mit den Klagen, mit dem Danke
Sich an Gott, verwirren nur
Seine Vorsehung und bleiben,
Sich zum Größern nicht erhebend,
Beim Gering'ren, also daß sie
Ihres Glückes Gunst und Ungunst
Nur allein zuschreiben wollen
Alle Wirkung. Gottvergessen,
Wollen sie in Glück und Unglück,
Ob auch Er der Grund von Allem,
Dennoch nimmer ihn erkennen.
Demgemäß nun, denn das ist's,
Worauf heut sich mein Verlangen
Richtet, hab' ich dran gedacht,
Eine Gottheit zu erfinden,
Welche schill're in dem Namen
Der stets weisen und erhab'nen
Göttlichen Gerechtigkeit;
Will sie glauben machen, daß
Von dem Glück nur Alles stamme,
Was genehm und widerwärtig.
Und da ohne Zweifel doch
Es auf allen Menschenwegen
Gibt kein andres Glück, als Gott,
Will bewirken ich, daß nimmer

---

*) Span. deidád.

> Sie an seine Gottheit denken,
> Daß sie einem wirren Bilde,
> Einer abstrakten Idee,
> Einem Räthsel, einer Sphinx,
> Dank und Klage weihen, wenn sie
> Gutes oder Böses trifft.
> Und daß meine schlaue List,
> Um so klarer heute werde,
> Soll rhetorische Figur mir
> Dienen, die Supposition
> Jene nennen, die in ihrem
> Geist phantastisch das sich malen,
> Was sie zu erkennen streben.

Diese Supposition eines zweiten Grundes ist eine Leugnung der Wirksamkeit des ersten, und insoferne als diesem zweiten Grund Realität beigemessen werden muß, wenn er wirksam sein soll, ist eine Lüge (siehe d. A.) an die Stelle Gottes gesetzt; es ist also diese anscheinend fromme und gottesfürchtige Phrase „Vorsehung und Gerechtigkeit" nichts als verhüllter, meist jedoch unbewußter, aus Selbsttäuschung hervorgegangener Atheismus, wenn mit obigen Worten etwas anderes gemeint sein will, als bloße Eigenschaften des wahren Gottes Israels. Es sagt daher (l. c.)

> Teufel: Nachdem dort jene Weise*)
> Hat die Gaben ausgetheilt,
> Sollst du**), da sie menschlich alle
> Fühlen, sie verblenden, quälen,
> Sie verwirren, und zerstreuen,
> In ihr Urtheil jenes Wort
> Denn einführen, jene Gottheit,
> Die erlogen, angebetet
> Einst von abergläub'scher Thorheit
> Jener, welche unverständig
> Denken und verblendet meinen,
> Daß noch andres Glück als Gott;
> Denn wo Gott ist, gibt's kein Glück.***)

9. Nicht bloß im Leben des einzelnen Menschen, sondern auch im Leben der Gesammtheit im gesellschaftlichen und staatlichen Leben muß Gott Centrum sein; wenn er nicht ein bloßer Name, eine willkürliche Idee sein soll, d. h. wenn nicht an die Stelle des wahren, lebendigen Gottes ein bloßes Phantasiebild gesetzt werden soll, muß der Wille und das Gesetz des Gottes Israels erkannt und anerkannt sein. Es darf darum auch kein menschlicher Wille als causa secunda sich an die Stelle der causa prima setzen; es darf neben,

---

*) Gerechtigkeit (Gottes).
**) Bosheit.
***) D. h. keine Glücksgöttin Fortuna.

entgegen oder gar über dem Willen des persönlichen Gottes kein menschliches Gesetz absolute Macht beanspruchen, weil durch die Statuirung einer zweiten absoluten Machtvollkommenheit, die absoluten Gehorsam verlangt, die Macht und Majestät des göttlichen Willens beseitigt, deßhalb Gott selbst geleugnet oder, was dasselbe ist, zu einem bloßen Bild, zu einem Gedanken gemacht ist. Calderon zeigt uns im A. „Der Thurm von Babel" diese Gattung von Atheismus an dem frevelhaften Herrscher Nimrod und weist auch im A. „Das Nachtmahl des Baltassar" auf denselben hin. Wir finden dargestellt: a. Beseitigung der Verehrung Gottes, b. Anordnung von Götzendienst, c. Vergötterung des Machthabers selbst, d. Durchführung menschlichen Willens im Widerstreit mit Gottes Anordnung, e. Aufstellung menschlicher Gesetze als höchster Norm, f. Forderung unbedingten Gehorsams gegen die causa secunda ohne Rücksicht auf Gottes höhere Macht, g. Forderung von Gehorsam gegen tyrannische Gottlosigkeit: lauter Consequenzen des falschen Grundgedankens, daß die Majestät des menschlichen Willens im Staate schrankenlose Macht besitze, was wiederum nur möglich ist durch faktische, im Vorgehen des Gewaltträgers sich aussprechende Leugnung der absoluten Macht Gottes, d. h. der Existenz Gottes. Mag der Atheismus der Tyrannen sich noch so sehr verstecken, Calderon stellt ihn in „Nimrod" freimüthig an den Pranger und gebraucht gegen den im unbedingten Gehorsam „beim Werke gegen Gott" liegenden faktischen Ungehorsam gegen Gott die Waffe des bittersten Sarkasmus. In den mehr als hunderttausend Versen der Autos ist Calderon ein einzigesmal mit beißender Ironie aufgetreten, nämlich im A. „Thurm von Babel", wo der so milde Dichter den unterwürfigen Repräsentanten des unbedingten Gehorsams, den Zigeuner Libio im häßlichsten Lichte darstellt. Doch hier müssen die Citate möglichst kurz gehalten und alles nicht unumgänglich Nothwendige bei Seite gelassen werden. Im A. „Der Thurm von Babel" spricht

  Nimrod: Heuchelei ist's, diese Dinge*)
      Gottes Güte zuzuschreiben!

    — Auch ohne Gott der Mensch
     kann durch eigenen Verstand
     Wohl des Himmels Zorne trotzen.

Im A. „Psyche und Cupido" sagt

  Heidenth.: Nimrod einst in seiner Hoffahrt Drang
      Vom Volk des Feuers Anbetung erzwang.

---

*) Rettung der Arche.

Im A. „Das Nachtmahl des Baltassar" sagt dem K. Baltassar schmeichelnd

Idolatrie: Seit die Welt aus wilden Wassergründen
Der Fluth sich schwimmend konnte wiederfinden,
War's dieses Reich vor allen,
Dem's staatsklug und unbeugsam hat gefallen,
Gesetzlich einzuführen
Idolatrie der Kön'ge nach Gebühren,
Und dann die and're auch
Der Götter, in der Opferflammen Rauch.
Davon zeugt Nimrod's Cult,
Und jene Flammen um des Moloch's Huld.
Denn beide seh'n sich solche Ehr' erweisen,
Der durch's Gesetz,*) der höchster Gott sich heißen.

Im A. „Der Thurm von Babel" tritt auf

Erster Riese: Auf, Gefang'ne nur heran,
Staunt den großen Nimrod an;
Solche Kraft er in sich schließt,
Daß ein Gott der Erd' er ist;
Jauchzt ihm zu und betet an!
Zweiter Riese: Unterwürfig ihm euch stellt,
Ihr, der Sklaven nied're Rotte,
Huldigt eurem ird'schen Gotte.

Heber: Nie darf Mensch dem Menschen reichen
Ehre, die nur Gott gebührt.
Nimrod: Und warum? Hund ohne Gleichen,
Anbetung hat sich erkürt
Meine göttergleiche Kraft.
Daß der Mensch sie sich verschafft,
Wenn ein Mensch er ist, wie ich,
Zu bekennen, zwing ich dich
Wohl durch harte Sklavenschaft.

Heber: Helfen soll'n wir, bittrer Spott,
Zu dem Werke wider Gott!

In demselben Auto sagt

Nimrod: Wenn Gehorsam sie nicht leisten,
Den mein Stolz von ihnen fordert,
Soll'n sie Alle sterben.
Erster Riese: Alle,
Wenn sie König dich nicht nennen.
Zweiter Riese: Ja, in dir soll die königliche
Absolute Monarchie
Auf der Erde nun beginnen.
Dritter Riese: Ja, auf ihren Nacken lege

---

*) Die Ausg. v. P. y M. u. Apont. haben por ley; hiernach hat Lor. übers. Pedr. hat nach der Samml. v. 1664 por rey, offenbar richtiger.

Schweres Joch!
Und gib Gesetze,
Ueber Alle triumphirend.
Heber: Freunde, hört, die Tyrannei
Wird auf Erden schon begründet;
Geben wir's nicht zu, daß solch ein
Ungerecht Gesetz beginne.
Ascenez: Frei sind wir; solch Ungeheuer
Lasset nimmer sich begründen
Auf der Erde.

Dieser despotischen Tyrannei gegenüber, welche in Nimrod und in anderer Art in Nabuchodonosor und Baltassar auftritt, hat Calderon das rechtmäßige, die persönliche Freiheit und die Rechte Gottes achtende Königthum mit Lobsprüchen überhäuft. (So wird in verschiedenen A. Constantin, Ferdinand der Heilige, Rudolf von Habsburg und Kaiser Maximilian gefeiert.)

Daß es endlich ohne Erkenntniß und Verehrung des wahren Gottes keine Wohlfahrt der Völker geben kann, hat Calderon recht klar dargelegt, indem er dem Auto, das er eben so gut: „Zu Gott aus Vernunftgründen" hätte nennen können, den eigenthümlichen Titel: „Zu Gott aus Staatsklugheit" gegeben hat. Er wollte „dem spanischen Könige, in dessen Gegenwart das A. aufgeführt würde, die Wahrheit an's Herz legen, daß schon die Staatsklugheit allein, wenn sie eine wahrhaft erleuchtete ist, zur Erkenntniß des wahren Gottes und der wahren Religion hinführen könne." (Nach Lor.)

10. Wir kommen nun zur praktischen Frage: Was wollte Calderon mit seiner Bekämpfung des Atheismus? War sie ein Bedürfniß? Gab es zu seiner Zeit, gibt es denn überhaupt Atheisten? Voltaire schreibt: „Der Atheismus ist das Laster der Thoren, ein Irrthum, der nur aus den Höhlen der Gefängnisse gekommen sein kann. Er ist der Moral und dem Wohle der Menschheit entgegen. Denn wenn man keinen Gott anerkennt, welcher Zaum besteht dann noch für die geheimen Laster? Das niederträchtigste und für alle Laster der abscheulichsten Menschen fähige Herz wohnt in demjenigen, der Gott leugnet. Der Atheismus ist ein Ungeheuer, fähig, die menschliche Gesellschaft zu zerreißen und zu verheeren. Der speculative Atheismus ist unter allen Thorheiten die größte und der praktische unter allen Verbrechen das schlimmste. Eine jede gottlose Meinung zeugt eine Furie, die in der einen Hand mit Sophismen, in der andern mit dem Dolche bewaffnet, die Menschen wahnsinnig und grausam macht." Wenn selbst der Vater der französischen Gottesleugner sich so über den Atheismus äußert, sollte man da noch glauben,

daß es außer einigen wenigen Unglücklichen Atheisten auf der Welt gibt? — Ist nur der ein Atheist, der jede Spur von Gott aus seinem Inneren weggewischt, dann gibt es keinen Atheisten; bezeichnet man aber mit dem Namen Atheismus das Streben, sich ohne Rücksicht auf den wahren lebendigen Gott Wissenschaft und Leben zu gestalten, dann gibt es viele Atheisten.

Der **Nihilismus**, der **Pessimismus** und der gewöhnliche **Materialismus** haben die Gottesleugnung zur Voraussetzung, eilen dem Atheismus auf dem Wege zum Abgrunde voran. Der **Naturalismus**, der die Natur des Menschen und der Dinge als letzten Grund für alle Wirkungen annimmt, ist schon hiedurch als Atheismus gekennzeichnet: er zeigt sich hauptsächlich in zwei Hauptformen: als **Fatalismus** oder prinzipielle Gottvergessenheit (in Folge der Verblendung, daß das Glück die Welt regiere; Lor.); dieser verbirgt sich jedoch hinter Worten, die ganz deistisch klingen, indem er von Vorsehung, Gerechtigkeit, Sittlichkeit, ja von Religiosität, selbst von Gott redet, ohne den wahren Gott zu meinen; die zweite Hauptform ist der **Socialismus** (die aus der obigen Anschauung nur zu oft entstehende Unzufriedenheit der Menschen mit ihrem Stande; Lor.); dieser tritt offener und consequenter mit seinem Atheismus auf.

Doch neben diesen Formen des Atheismus haben wir in Calderon noch andere kennen gelernt, die sich und dem Befrager nie gestehen würden, daß sie diese Gestalt in sich tragen. Es sind die mannichfaltigen Formen des **Polytheismus** und des **Pantheismus**. Schon Athanasius hat die Vielgötterei zum Atheismus verwiesen und im Zusammenhange damit sagt Dieringer: der Polytheismus trägt die Keime des Atheismus in sich, weil er pantheistisch ist in seiner Begründung; „da nun aber der Pantheismus keine außer- und überweltliche Gottheit anerkennt, so ist er eben damit auch Atheismus, die in Vergötterung der Welt vollzogene Leugnung Gottes." — Indem nun Calderon den Pantheismus als Stehenbleiben bei den secundären Ursachen Atheismus nennt, hat er der groben immanenten und emananten Weltvergötterung den Stab gebrochen; sein Urtheil trifft aber auch den feinen idealistischen Pantheismus, denn auch der denkende Geist ist nur causa secunda, seine Gedanken aber sind als solche nicht einmal real, können weder wahrer Gott sein, noch den lebendigen Gott bilden. Atheistisch ist also in seinem ganzen Wesen der **Panlogismus**, der **Idealismus** und a. m. Alle diese Systeme machen sich ein geistiges Götzenbild ohne Leben und Realität; der damit verwandte falsche **Humanismus** speciell setzt das „Wahre Gute und Schöne", bloße Begriffe, in die Rechte des persönlichen Gottes ein.

Es ist hier ganz am Platze, auch auf solche Systeme aufmerksam zu machen, die wegen der manchfaltigen Windungen ihres Weges nicht ahnen lassen, daß sie in den Fußtapfen des Atheismus einhergehen, der sie mitfortreißt. Zu diesen gehört nach den oben citirten Stellen Calderons die **rationalistische** Behandlung der Wissenschaft, die in Sachen der Natur nichts vom Schöpfer, in der Geschichte nichts vom Lenker der Welt, in speculativen Fragen nichts von der übermenschlichen Wahrheit wissen will; sodann gehört hiezu der **Staatsabsolutismus**, der über den Rechten des Staates keine Rechte Gottes mehr kennt, mit ihm der übertriebene **Nationalismus**, der bis zur Vergötterung des nationalen Geistes fortschreitet und sich vom Patriotismus in ähnlicher Weise unterscheidet, wie die Richter des Sokrates von den Helden bei Marathon. Es gehört ferner hiezu der **Liberalismus** in religiösen Sachen (vom politischen ist natürlich hier nicht die Rede), der Familie und Gesellschaft, Wissenschaft und Leben getrennt von der Autorität des lebendigen Gottes aufbauen will, endlich die **prinzipielle Revolution**, die Wuth, gewaffnet mit den Plänen des Atheisten (A. „Die Erlös. der Gefangenen"), welche die Altäre Gottes bekriegt und von Confessionslosigkeit zu Religionslosigkeit und Gottlosigkeit, (die alle drei im Wesen dasselbe besagen,) allmälig sich entwickelt. Alle diese Systeme sind nur jüngere oder ältere Jahresringe eines und desselben Baumes, die treibende Kraft und der innerlich durchströmende Saft aber in ihnen ist der Atheismus.

Daß auch die **Gottvergessenheit in den Sitten** mitunter auf den Wegen des Atheismus wandelt, zeigt Calderon im A. „Das Lamm der Wegzehrung", wo der Atheismus der Idol. so lange nichts hofft, als Israel Gottes Huld bewahrt. Doch diese Verirrungen sind zu individuell, als daß wir sie classificiren könnten in gewisse Systeme, zudem sind sie Geheimnisse der Bosheit, die man nicht aufzudecken wagen darf.

11. Zum Schlusse möge dem Verfasser gestattet sein, nach der Darlegung der Gedanken Calderons einige Worte noch selbst beizufügen mit Rücksicht auf den ersten Zweck seiner Arbeit.

Fast niemals tritt der Atheismus gleich bei Beginn einer geistigen oder moralischen Verirrung offen dem Menschen entgegen. Das allmälige Eindringen desselben in die Seele vollzieht sich viel **öfter auf dem Wege der praktischen Gottentfremdung als auf den Bahnen irregeleiteter Speculation**. Im Allgemeinen bahnt Mangel an Wissen von Gott und Mangel an Verkehr mit Gott dem gottentfremdeten und gottlosen Leben, und dieses dann der Gottesleugnung den Weg. Umgekehrt kann übrigens auch der schrankenlose Subjectivismus im Denken gerade so wie der zügellose Egoismus des Willens zum Abgrunde des Atheismus hinführen. — Der junge Mann richtet so gern in seinem Herzen einen Altar auf, welcher irgend einem Ideale seines Lebens geweiht ist; hat über diesem zweiten Ziel und über dem vergänglichen oft nur geträumten Beweggrunde seines Sinnens und Trachtens nicht das letzte Ziel und die Grundursache seines Lebens, der lebendige, persönliche wahre Gott seinen festen Thron erhalten, dann verbreitet sich im Laufe der Jahre die Oede des Atheis= mus in seinem Herzen: Ideale, die Götter zu sein schienen, die des Lebens Centrum und Ziel waren, erblassen und verschwinden im Ernste der Jahre; wenn er das einzig wahre letzte Ziel aus dem Auge ver= loren und vergessen hat, da wird es einsam im Herzen und diese Einsamkeit wird um so drückender, je mehr sich mit dem schwindenden Leben das Universum, die Welt vor ihm zurückzieht. Wenn dann der Sonnenglanz der Ehre und des Ruhmes ganz erlischt; wenn die silber= glänzenden Reichthümer wie der abnehmende Mond keinen Schein mehr geben; wenn die Freuden und Genüsse gleich Sternen vom Himmel des Lebens herabfallen: dann gewährt der Atheismus dem Herzen keinen Trost. Möge der Glaube, den wir auf anderem Wege als auf dem der Speculation erhalten haben, in jenen Augenblicken das Band mit Gott in Gnaden festhalten, wenn Alles uns verläßt, wenn wir ge= wissermaßen uns selbst verlassen: das walte der barmherzige Gott; denn

>Sin mi, sin vos y sin Dios
>Triste y confuso me veo;
>Sin Dios, por lo que os deseo,
>Sin mi, porque estoy en vos,
>Sin vos, porque no os posco.
>   (Cald. Com. Las cadenas del demonio. Jorn. II.)

Personalstand des Lehrercollegiums.

Studienrektor: Joh. Bapt. Reger, k. Professor.

Ordinarius der IV. Gymnasialklasse: der Rektor.

Ordinarius der III. Gymnasialklasse: der k. Prof. Herr Joh. Jungkunz, zugleich Lehrer der französischen Sprache in der I. und II. Gymnasialklasse.

Ordinarius der II. Gymnasialklasse: der k. Prof. Priester Herr Jacob Leitl.

Ordinarius der I. Gymnasialklasse: der k. Prof. Herr Luitpold von Teng.

Lehrer der Mathematik und Physik am Gymnasium und der Mathematik in der V. Lateinklasse: der k. Prof. Herr Franz X. Steck.

Lehrer des katholischen Religionsunterrichts: der k. Prof. Priester Herr Franz Xaver Knabenbauer.

Ordinarius der V. Klasse der lateinischen Schule: der k. Studienlehrer Priester Herr Joh. Abert.

Ordinarius der IV. Klasse der lateinischen Schule: der k. Studienlehrer Priester Herr Jos. Eidenschink.

Ordinarius der III. Klasse der lateinischen Schule: der k. Studienlehrer Herr Joh. Bauer.

Ordinarius der II. Klasse A der lateinischen Schule: der k. Studienlehrer Herr Jos. Paul Huber.

Ordinarius der II. Klasse B der lateinischen Schule: Herr Assistent Georg Jos. Dürnhofer.

Ordinarius der I. Klasse der lateinischen Schule: Herr Assistent Jacob Barthel.

Lehrer der Arithmetik an der lateinischen Schule, der Naturgeschichte und des Turnunterrichts: der k. Studienlehrer Herr Jos. Mayenberg.

Lehrer des protestantischen Religionsunterrichts: der k. Pfarrer Herr Gustav Heumann.

Lehrer der französischen Sprache in der III. und IV. Gymnasialklasse: der k. Lehrer an der Kreisgewerbschule Priester Herr Franz X. Allmer.

Lehrer der orientalischen Sprachen: der k. Lycealprof. Priester Herr Dr. Jos. Anzenberger.

Lehrer der italienischen Sprache: der k. Lycealprof. Priester Herr Dr. J. E. Diendorfer.*)

Lehrer der englischen Sprache: der k. Studienlehrer Priester Herr Joh. Abert.

Lehrer des Zeichnen- und Stenographieunterrichts: der k. Lehrer an der Kreisgewerbschule: Herr J. B. Schöner.

Gesanglehrer und Chorregent: der k. Präparandenlehrer Herr Anton Maier.

Lehrer der Kalligraphie in der IV., III. und II. Lateinklasse A: Herr Lehrer J. N. Cortolezis.

Lehrer der Kalligraphie in der I. und II. Lateinklasse B: Herr Lehrer Raimund Eisenreich.

---

*) An dessen Statt während der Dauer des Landtags Herr Prof. Leitl.

Unterricht.

I. Lehrpensa des obligatorischen Unterrichts.

IV. Gymnasialklasse.

1. **Religionslehre**, wöchentlich 1 Stunde: Die Göttlichkeit des Christenthums. — Prof. Knabenbauer.

2. **Deutsche Sprache und Literatur**, wöchentlich 3 Stunden: Rhetorik, philosophische Propädeutik; Abhandlungen und Reden, Uebungen in freien mündlichen Vorträgen; Literaturgeschichte von der Zeit der Reformation bis zu den Romantikern nach Kluge, unter Vorführung von Gedichten der durchgenommenen Autoren, um deren poetischen Charakter zu zeigen. Klassenlektüre: Reden von Verschiedenen, Auswahl aus Lessing's Laocoon und Hamburgischer Dramaturgie, Schiller's Wallenstein, Künstler. Contr. Privatlektüre: Schiller über das Studium der Universalgeschichte und über das Erhabene, Göthe's Iphigenie auf Tauris. — Der Ordinarius.

3. **Lateinische Sprache und Literatur**, wöchentlich 7 Stunden: Cic. disp. Tusc. I, Tac. Germ., mündliche und schriftliche Uebungen, Cic. pro Mil. und Liv. II zur Hälfte als control. Privatlektüre. — Der Ordinarius. — Hor. Sat. I (mit Ausnahme der zweiten), epp. I, 1—6. — Prof. Jungkunz.

4. **Griechische Sprache und Literatur**, wöchentlich 6 Stunden: Dem. orr. Ol., contra Phil. I, Plat. Crit., Hom. Il. 8 und 9 als controlirte Privatlektüre, Repetition der Grammatik nach Kurz, Stilübungen nach Bauer — Prof. Leitl; Soph. Ant., Oed. R. bis zur Hälfte. — Der Ordinarius.

5. **Französische Sprache**, wöchentlich 2 Stunden: II. Theil der Syntax und Uebungen nach Claude und Lemoine; Montesquieu Considérations, cap. 11—23. — Lehrer an der Kreisgewerbschule Allmer.

6. **Mathematik und Physik**, 4 Stunden wöchentlich: a) Uebungen aus dem gesammten Gebiete des mathematischen Unterrichts, Ergänzungen, Repetitionen. b) Dynamik nach der Schulordnung. c) Mathematische Geographie im Sommersemester. — Prof. Steck.

7. **Allgemeine Geschichte** nach Pütz vom westphälischen Frieden bis zur Gegenwart und Durchnahme der einzelnen Partien der bayer. Geschichte nach Sattler. Repetition der Geschichtspensa der I., II. und III. G.-Kl., wöchentlich 3 Stunden. — Der Ordinarius.

III. Gymnasialklasse.

1. **Religionslehre**, wöchentlich 1 Stunde: Die Lehre vom christlichen Leben. — Professor Knabenbauer.

2. **Deutsche Sprache und Literatur**, wöchentlich 3 Stunden: Charakter der einzelnen Epochen der deutschen Literaturgeschichte bis auf Opitz nach Kluge; gänzliche Lektüre der in Englmanns mittelhochdeutschem Lesebuche enthaltenen Auswahl des Nibelungenliedes und der Lieder Walthers von der Vogelweide; Uebungen in freien mündlichen Vorträgen; Klassenlektüre: Schillers Wilhelm Tell, Jungfrau von Orleans, „Abfall der Niederlande" mit Auswahl; controlirte Privatlektüre: Iphigenie von Aulis von Schiller und ebendesselben Dichters Uebersetzung des 2. und 4. Buches der Aeneis von Vergil. — Der Ordinarius.

3. **Lateinische Sprache**, wöchentlich 7 Stunden: Cicero's 1. und 2. Philippische, 1. 2. und 3. Catilinarische Rede; 50 ausgewählte Oden aus Hor. carm. lib. I, II, III, IV, 10 Oden wurden memorirt; controlirte Privatlektüre: Liv. lib. 24 und 25; Stilübungen nach Bauer und Englmann. — Der Ordinarius.

4. **Griechische Sprache**, wöchentlich 6 Stunden: a) Isocr. Panegyricus und Philippus bis § 83. b) Repetition der Grammatik nach Kurz: „der einfache Satz." Uebersetzung aus Bauer's Uebungs=

buch von Nr. 1—26. — Prof. Leitl. — Eurip. Hiketides; controlirte Privatlektüre: Hom. Il. I, II, III, V. — Der Ordinarius.

5. Französische Sprache, wöchentlich 2 Stunden: I. Theil der Syntax nach Claude und Lemoine; Lektüre ausgewählter Stücke aus Lübeckings Lesebuch, II. Theil, mit Versuchen das Gelesene in französischer Sprache wiederzugeben. — Lehrer an der Kreisgewerbeschule Allmer.

6. Mathematik und Physik, wöchentlich 4 Stunden: a) Algebra: Arithmetische und geometrische Reihen, Zinseszins- und Rentenrechnung, Combinationslehre mit dem binomischen Lehrsatze. b) Stereometrie: Polyeder, Prismen, Pyramiden, Cylinder, Kegel, Kugel; Auflösung stereometrischer Aufgaben. c) Ebene Trigonometrie und die Grundgleichungen der sphärischen. d) Physik: Allgemeine Eigenschaften der Körper; Elemente der Statik und ihre Anwendung auf Hebel, Welle, Rolle, schiefe Ebene, Keil und Schraube; Barometer und Thermometer, Hausaufgaben. — Prof. Steck.

7. Geschichte, wöchentlich 3 Stunden: a) Wiederholung des vorjährigen Pensums, b) allgemeine Geschichte von den Hohenstaufen bis zum westphälischen Friedensschlusse und die Geschichte Bayerns überall, wo dieselbe in die deutsche Geschichte eingreift. — Der Ordinarius.

II. Gymnasialklasse.

1. Religionslehre, wöchentlich 2 Stunden: Die Lehre von der Gnade, von den Sakramenten und den vier letzten Dingen.

2. Deutsch, wöchentlich 2 Stunden: Theorie und praktische Uebung der Disposition kleinerer Aufsätze; kurze übersichtliche Darstellung des Inhalts der griechischen Lektüre; Erklärung von Lesestücken, besonders lyrischen, aus dem Lesebuch von Kehrein, woran die Theorie der lyrischen Dichtungsart nachgewiesen und erklärt wurde; einige Oden von Klopstock. Als Privatlektüre lasen die Schüler ausgewählte Gedichte von Schiller, Göthe, Herder, Platen; Controle dieser Lektüre in der Klasse. — Der Ordinarius.

3. Lateinische Sprache in wöchentlich 8 Stunden: a) Grammatik

nach Englmann: Wiederholung der wichtigeren Partieen; im Uebungs=
buch von Bauer und Englmann (Secunda) 30 Stücke übersetzt; b) Livius
XXI (c. 1—63) und XXII (c. 1—23 und 27—30 und 44—61).
— Prof. v. Teng. c) Virgil. Aen. XI und XII; d) als Privat=
lektüre Curt. V und VI, controlirt in monatlich 1 Stunde. — Der
Ordinarius.

4. Griechische Sprache in wöchentlich 6 Stunden: a) Grammatik
nach Kurz von § 86 bis Ende (Syntax des Verbum), und die darauf
bezüglichen Uebungen aus Bauer's Uebungsbuch. b) Xen. Hellen.
II und III. c) Hom. Iliad. VIII und IX. d) Privatlektüre
Hom. Od. XII und XIII mit monatlicher Controle. — Der Ordinarius.

5. Französisch, wöchentlich 2 Stunden: Wiederholung der
Pronomina, Fortsetzung und Vollendung der Formenlehre mit Ueber=
setzung sämmtlicher Aufgaben nach der Grammatik von Claude; Lektüre
kleiner Erzählungen aus Lüdelings Lesebuch I. Theil. Memorieren
von Vocabeln. — Prof. Jungkunz.

6. Mathematik in wöchentlich 4 Stunden: a) Algebra: All=
gemeine Potenzen; Gleichungen des zweiten Grades mit einer und
mehreren Unbekannten; Logarithmen. b) Geometrie: Lehre vom Kreise;
Auflösung geometrischer Aufgaben. c) Stereometrie: Gerade, Ebene,
Drei= und Vielkant; reguläre Polyeder. Hausaufgaben. — Prof. Steck.

7. Geschichte in wöchentlich 2 Stunden: Wiederholung des
Pensums der I. Gymnasialklasse, vom Zeitalter der Gracchen bis zum
Untergange der Hohenstaufen nach Pütz; bayer. Geschichte im Anschluß
an die deutsche nach Preger. — Assistent Barthel.

I. Gymnasialklasse.

1. Religionslehre: Prof. Knabenbauer nahm mit den Schülern
im vorgeschriebenen Lehrbuche die Einleitung, die Lehre von Gott, von
der Schöpfung und Erlösung durch. — 2 Stunden wöchentlich.

2. Deutsche Sprache: Den Unterricht in der deutschen Sprache
ertheilte in wöchentlich 2 Stunden der Ordinarius: Erzählung, Be=
schreibung, Chrie und Abhandlung; Kehreins Lesebuch 2. Theil (Historische

Prosa, epische Gedichte); controlirte Privatlektüre (der 70. Geburtstag von Voß, der Frühling von Kleist, das II. Buch der Aeneide von Schiller, Hermann und Dorothea von Göthe); anschließend an die Uebungen wurden die nöthigsten Mittheilungen über Stilistik und Epos gemacht (nach Cholevius und Beck ꝛc.), auch die Tropen und Figuren durchgenommen.

3. Lateinische Sprache: In der vorgeschriebenen Anzahl von Stunden leiteten diesen Unterricht der Ordinarius und Assistent Dürnhofer; während letzterer Ovidii metam. I—V. incl. (ed. Groß) erklärte, lehrte das Uebrige der Ordinarius: die lat. Grammatik (Englmann L.) ward zum Abschlusse gebracht, im Uebungsbuch (von Bauer und Englmann) 60 Stücke übersetzt, die üblichen Clausur- und Hausaufgaben, auch Extemporalien und Versübungen gegeben, im Livius das II. Buch vollständig gelesen und Cæs. b. Gall. VI, VII & (Hirtii) VIII als „Privatlektüre" controlirt.

4. Griechische Sprache: In 2 Wochenstunden wurde vom Studienlehrer Huber die Lehre von den Casus und Präpositionen nach der Grammatik von E. Kurz systematisch behandelt und an den Beispielen in W. Bauers Uebungsbuch eingeübt; in 2 weiteren Wochenstunden wurden von demselben das 3. und 4. Buch von Xenophon's Anab. gelesen und dabei die hauptsächlichsten Lehren der Syntax erläutert. Ueberdies wurden 5 Schulaufgaben und monatlich je 1 Hausaufgabe den Schülern zur Bearbeitung vorgelegt. — In Homer's Odyssee erklärte der Ordinarius die Rhapsodien I und II ganz, von III die Verse 1—101 incl.; Homer: Dialekt nach Kurz (griech. Gramm.), wöchentlich 2 Stunden.

5. Französische Sprache, wöchentlich 2 Stunden. Prof. Jungkunz; Formenlehre nach Claude und Lemoine bis zum regelm. Verbum incl., Uebersetzung der einschlägigen Uebungsaufgaben desselben Buches, memor. von Vokabeln.

6. Mathematik, wöchentlich 4 Stunden: a) Algebra: Potenzen und Wurzeln; Gleichungen des 1. Grades mit einer und mehreren Unbekannten. b) Geometrie: Vielecke, Gleichheit und Aehnlichkeit geradliniger Figuren; Hausaufgaben. Prof. Steck.

7. **Geschichte**, wöchentlich 2 Stunden: Uebersichtliche Geschichte der asiat. und afrik. Staaten des Alterthums; alte Geographie und Geschichte von Hellas (X—146 v. Ch.) und Rom (bis zu den Gracchen). — Der Ordinarius.

V. Lateinklasse.

1. **Religionslehre**, wöchentlich 2 Stunden: Das 3. Hauptstück des vorgeschriebenen Katechismus. Religionsgeschichte: Repetition des Lehrstoffs der vorausgegangenen Klassen. — Prof. Knabenbauer.

2. **Deutsche Sprache**, wöchentlich 2 Stunden: Wiederholung des Lehrstoffs der 4. Klasse, Wortbildung, Satzbilder, Synonyma; Nachbildung von gelesenen Sätzen und Perioden. Wiedergabe des Inhalts von gelesenen prosaischen und poetischen Stücken in Bone's Lesebuch, verbunden mit gelegentlicher Belehrung über die gebräuchlichsten Versarten nebst Versuchen im daktylischen und jambischen Versmaße im Anschluß an die lateinische Lektüre aus Ovid und Phädrus. Auszüge und Inhaltsangaben gelesener Abschnitte von Cäsar, schriftliche Uebersetzung schwieriger Capitel. Schilderungen und Beschreibungen aus der Natur und dem menschlichen Leben nach bestimmten Angaben, nach Musterbeispielen, besonders nach Skizzen von gelesenen Gedichten. Auswendiglernen von Gedichten und Uebung im mündlichen Vortrage. — Der Ordinarius.

3. **Lateinische Sprache**, wöchentlich 8 Stunden: Wiederholung und Ergänzung der Syntax nach Englmann's Grammatik. Schriftliche und mündliche Uebersetzungen nach Englmann's Uebungsbuch. Imitationen nach Cäsar. Caesar de bello gall. l. VII und l. VIII die ersten Cap., im Ganzen 98 Cap. Metrik nach Englmann's Grammatik. Ausgewählte Abschnitte von Ovidius und Fabeln von Phaedrus nach Francke's Chrestomathie. Memoriren von Denksprüchen (in Prosa und in Versen), von Wörterfamilien und Ausdrücken theilweise nach Herold's Vade mecum. — Der Ordinarius.

4. **Griechische Sprache**, wöchentlich 6 Stunden: Wiederholung und Vollendung der Etymologie nach Englmann's Grammatik und Bauer's Uebungsbuch; Uebersetzung der einschlägigen Partien in

Friedlein's Lesebuch). Hinweis auf einfache syntaktische Regeln beim
Uebersetzen. — Der Ordinarius.

5. Mathematik, wöchentlich 4 Stunden: a) Algebra: die
vier Grundrechnungen mit allgemeinen Größen; Umformung al=
gebraischer Ausdrücke; b) Geometrie: Grundbegriffe, Gerade, Winkel,
Dreieck, Viereck und seine besonderen Arten. Hausaufgaben. — Prof. Steck.

6. Geschichte, wöchentlich 2 Stunden: Deutsche Geschichte nach
Pütz. Vom Anfange bis 1815. Bayerische Geschichte nach Preger's
Leitfaden im Anschlusse an die einzelnen Perioden der deutschen Ge=
schichte. Nach mustergiltigen Schriftstellern wurden Biographien hervor=
ragender Männer und interessante Partien der Culturgeschichte eingehen=
der behandelt. — Der Ordinarius.

7. Geographie, wöchentlich 2 Stunden: Nach Arendts: Wie=
derholung der mathematischen und physikalischen Geographie. Europa,
insbesondere Deutschland in physikalischer und politischer Hinsicht. Zeich=
nen von Karten, Höhenprofilen u. dgl. Mittheilungen über Leben und
Sitten der einzelnen Völker, Städte u. s. w. nach Reisebeschreibungen. —
Der Ordinarius.

IV. Lateinklasse.

1. Religionslehre, wöchentlich 2 Stunden: Die Gebote Gottes
und der Kirche, die Lehre von der Sünde, Tugend und christlichen
Vollkommenheit; Religionsgeschichte von der Reformation bis auf die
Gegenwart; biblische Geschichte: Neues Testament in Verbindung mit
bibl. Geographie. — Prof. Knabenbauer.

2. Deutsche Sprache, wöchentlich 2 Stunden: Starke und
schwache Deklination und Konjugation, letztere besonders mit Hinweisung
auf die ähnlichen Erscheinungen im Lateinischen und Griechischen. Zu=
sammenfassende Wiederholung der Satzlehre; Perioden und Perioden=
bilder. Gelegentliche Belehrung über Synonyma. Beschreibungen nach
Musterbeispielen; Erzählungen nach gegebenen Skizzen und Sprichwör=
tern. Disposition einiger Lesestücke und mehrerer Biographien des
Nepos. Memorieren und freier Vortrag von Gedichten. — Der Or=
dinarius.

3. **Lateinische Sprache**, wöchentlich 8 Stunden: Wiederholung der Kasuslehre. Die wichtigsten Regeln über tempora und modi nach Englmann's Grammatik; mündliche und schriftliche Uebungen nach den Uebungsbüchern desselben Verfassers; Corn. Nep. Iphier., Chabr., Timoth., Pelop., Ages., Hann., Eum.; Wörterfamilien nach Herold's Vade mecum. — Der Ordinarius.

4. **Griechische Sprache**, wöchentlich 6 Stunden: Die Formenlehre nach Englmann's Grammatik bis §. 180; Einübung derselben nach Bauer's Uebungsbuch und Friedlein's Lesebuch. — Der Ordinarius.

5. **Arithmetik**, wöchentlich 2 Stunden: Wiederholung des Lehrstoffes für die ersten drei Klassen; Erklärung der gebräuchlichsten Maße und Gewichte und gegenseitige Verwandlung derselben. Verhältnisse und Proportionen und deren Anwendung auf Prozent-, Theilungs- und Mischungsrechnung. Nach Lehrbuch von Steck und Bielmayer; Uebung im Kopfrechnen. 4 Schularbeiten, Hausaufgaben. — Studienlehrer Mayenberg.

6. **Geschichte**, wöchentlich 2 Stunden: Römische Kaisergeschichte nach Pütz; deutsche und bayerische Geschichte bis zum Ende des Mittelalters nach Pütz und Preger. — Der Ordinarius.

7. **Geographie**, wöchentlich 2 Stunden: die außereuropäischen Erdtheile nach Arendts; Kartenzeichnen. — Der Ordinarius.

8. **Kalligraphie**, wöchentlich 1 Stunde: Deutsche, lateinische, griechische und französische Schrift nach Henze'scher Methode. — Lehrer Cortolezis.

III. Lateinklasse.

1. **Religionsunterricht**, wöchentlich 2 Stunden: a) katholische Religionslehre: Vom 7. Glaubensartikel bis zum 3. Gebot Gottes; Religionsgeschichte von Christi Tod bis Constantin; bibl. Geschichte des neuen Testamentes bis zum dritten Jahre des öffentlichen Lebens Jesu; Geographie von Paläſtina. — Prof. Knabenbauer. — b) protestantische Religionslehre: 1) biblische Geschichte des neuen Testamentes nach dem Lehrbuche von Buchrucker von §. 131—200; eine Anzahl Gesangbuch=

lieder gelernt. 2) Die augsburgische Confession gelesen und ausführlich erklärt. — Stadtpfarrer Heumann.

2. Deutsche Sprache, wöchentlich 3 Stunden: Satz- und Interpunktionslehre nach Englmann's deutscher Grammatik mit mündlichen und schriftlichen Uebungen. Orthographische Uebungen, besonders in Bezug auf Fremdwörter. Periodenbilder einfacher Art. Gelegentliche Erläuterung sinnverwandter Wörter. Kleine Erzählungen und Beschreibungen, sowie briefliche Mittheilungen mit Angabe der Gesichtspunkte. Lese- und Deklamationsübungen nach Bone. — Der Ordinarius.

3. Lateinische Sprache, wöchentlich 10 Stunden: Nach Wiederholung der Formenlehre die Kongruenz- und Kasuslehre, die Lehre vom Infinitiv, Gerundium und Supinum nach Englmann's Grammatik. Mündliche und schriftliche Uebersetzung aller Abschnitte von Englmann's Uebungsbuch. Herold's Vade mecum. Aus Englmann's lateinischem Lesebuch wurde die römische Geschichte in's Deutsche übersetzt. — Der Ordinarius.

4. Arithmetik, wöchentlich 3 Stunden: Wiederholung. Decimalbrüche; die 4 Operationen mit denselben; gegenseitige Verwandlung gemeiner und Decimalbrüche. Einfache und zusammengesetzte Schlußrechnungen; Procentrechnung. Nach Lehrbuch von Steck und Vielmayer. Uebung im Kopfrechnen. 7 Schulaufgaben; Hausaufgaben. — Studienlehrer Mayenberg.

5. Geschichte, wöchentlich 2 Stunden: Erzählung der bedeutendsten Sagen des klassischen Alterthums; Uebersicht der griechischen und römischen Geschichte bis Augustus mit besonderer Betonung hervorragender Persönlichkeiten — nach dem Leitfaden von Pütz. — Der Ordinarius.

6. Geographie, wöchentlich 2 Stunden: Europa außer Deutschland, der österreichisch-ungarischen Monarchie und der Schweiz, Kartenzeichnen. — Der Ordinarius.

7. Kalligraphie, wöchentlich 2 Stunden: Deutsche und englische Kurrentschrift; im zweiten Semester griechische Schrift nach vorgeschriebenen Mustern. — Lehrer Cortolezis.

II. Lateinklasse A. und B.

1. **Religionslehre**, wöchentlich 2 Stunden: a) katholische: Beicht- und Communionunterricht; die Lehre vom Glauben bis zum 7. Glaubensartikel; Religionsgeschichte von Erschaffung der Welt bis zum Tode Christi; biblische Geschichte des alten Testamentes. Prof. Knabenbauer. b) protestantische: 1) Biblische Geschichte des alten Testamentes nach dem Lehrbuche von Buchrucker v. §. 1—51. Eine Anzahl Gesangbuchlieder gelernt. 2) Die 4 letzten Hauptstücke des lutherischen Katechismus nebst beweisenden Sprüchen erklärt und eingeprägt. — Pfarrer Heumann.

2. **Deutsche Sprache**, wöchentlich 3 Stunden: Wiederholung der Formenlehre mit Einschluß der Präpositionen; Erweiterung des einfachen Satzes und die gewöhnlicheren Formen des zusammengesetzten Satzes im Anschlusse an die Lehre von den Conjunctionen und der Interpunction; Orthographie — nach Englmann's deutscher Grammatik. Eingeübt wurde der Lernstoff durch schriftliche Aufgaben und an Lesestücken aus Bone's Lesebuch. Mündliches und schriftliches Nacherzählen gelesener oder vorgetragener Erzählungen; Vortrag memorirter Gedichte. — Der Ordinarius.

3. **Lateinische Sprache**, wöchentlich 10 Stunden: Die gesammte Formenlehre nach Englmann's lat. Grammatik, eingeübt an dem Uebersetzungs- und Lesebuch desselben Verfassers; die einfacheren syntaktischen Regeln im Anschlusse an das lat. Lesebuch. — Der Ordinarius.

4. **Arithmetik**, wöchentlich 3 Stunden: Wiederholung des Lehrstoffs für die erste Lateinklasse. Bestimmung des größten gemeinsch. Theilers und des kleinsten gemeinsamen Vielfachen mehrerer Zahlen; die gemeinen Brüche, ihre Umformung und Reduktion; Schlußrechnungen nach Steck und Vielmayer's Lehrbuch; Uebung im Kopfrechnen; 7 Schulaufgaben; Hausaufgaben. — Studienlehrer Mayenberg.

5. **Geographie**, wöchentlich 2 Stunden: Deutschland und die österreichisch-ungarische Monarchie, dann die Schweiz. — Assistent Dürnhofer.

6. **Kalligraphie**, wöchentlich 3 Stunden: Deutsche und lateinische Kurrentschrift nach Henze'scher Methode mit Benützung der vorgeschriebenen Hefte. Lehrer Cortolezis für die Abth. A und Lehrer Eisenreich für Abth. B.

I. Lateinklasse.

1. **Religionslehre**, wöchentlich 2 Stunden: a) für die katholischen Schüler: Das dritte Hauptstück des mittleren Diözesankatechismus; Religionsgeschichte von Erschaffung der Welt bis Christus; bibl. Geschichte, altes Testament, bis David. — Prof. Knabenbauer. — b) für den protestantischen Schüler: wie in der II. Lateinklasse.

2. **Deutsche Sprache**, wöchentlich 6 Stunden: Unterscheidung der Redetheile und Satzglieder; Deklination und Conjugation; die Präpositionen; orthographische Uebungen. Aus Zettel's Lesebuch wurden einige Gedichte memorirt und mehrere prosaische Stücke gelesen und erklärt. — Der Ordinarius.

3. **Lateinische Sprache**, wöchentlich 7 Stunden: Regelmäßige Deklination des Substantivums und Adjektivums, sum und dessen Composita, die erste Conjugation, die Zahlwörter (card. und ord.), die Präpositionen und die gewöhnlichsten Pronominalformen nach Biedermann's lat. Elementarbuch. Uebersetzt wurden die sämmtlichen in diesem Buche enthaltenen Uebungsstücke und die dabei angegebenen Vokabeln memorirt. — Der Ordinarius.

4. **Arithmetik**, wöchentlich 3 Stunden: Die 4 Grundrechnungsarten mit ganzen unbenannten und benannten Zahlen, Zerlegung einer Zahl in ihre Faktoren; Primzahlen; Kennzeichen der Theilbarkeit einer Zahl durch einzifferige Zahlen; relative Primzahlen. Nach Steck und Bielmayer's Lehrbuch. Uebung im Kopfrechnen. 7 Schulaufgaben; Hausaufgaben. — Studienlehrer Mayenberg.

5. **Geographie**, wöchentlich 2 Stunden: Bayern, ferner eine kurzgefaßte Darstellung der Erdgestalt und Erdoberfläche und eine hydroorographische Uebersicht von Europa. — Der Ordinarius.

6. **Kalligraphie**, wöchentlich 3 Stunden: Deutsche und englische Kurrentschrift, Probeschriften. — Lehrer Eisenreich.

Turn-Unterricht.

a) Die Stadtschüler turnten im Winter- und Sommersemester in vier Abtheilungen zu je zwei Wochenstunden. Die erste Abtheilung bestand aus der I. Lateinklasse, die zweite Abtheilung aus der II. Lateinklasse, die dritte Abtheilung aus der III. und IV. Lateinklasse und die vierte Abtheilung aus der V. Lateinklasse und den vier Gymnasialklassen. Jede Turnstunde wurde regelmäßig mit Frei- und Ordnungsübungen eröffnet, worauf Uebungen an den Geräthen mit passender Auswahl für die einzelnen Abtheilungen folgten; mit einem Turnspiele wurde bei den ersten drei Abtheilungen fast jede Turnstunde geschlossen. Im Sommersemester wurden auf dem Sommerturnplatz in jeder Turnstunde auch mäßige Laufübungen vorgenommen.

b) Den Seminaristen wurde in den Seminarturnlokalitäten ein gesonderter Turnunterricht in drei Abtheilungen zu je zwei Wochenstunden in der gleichen Weise, wie an der Studienanstalt, ertheilt.

II. Fakultative Lehrfächer.

1. Orientalische Sprachen.

Nach Darstellung der Schicksale der semitischen Sprachdialekte, ihrer Eigenthümlichkeiten, der Entstehung der Vokalbuchstaben und Vokalzeichen, wurde in wöchentlich 4 Stunden gelehrt:

a) Hebräische Sprache.

Die allgemeinen Gesetze, die vollkommenen und unvollkommenen Zeit- und Nennwörter, die Pronomina, Präpositionen und Conjunktionen. — Gelesen wurden Stücke aus der Psalmensammlung. — Schülerzahl: 7.

b) Syrische Sprache.

Auf Grund handschriftlicher Mittheilungen wurde die ganze Grammatik eingeübt. — Gelesen wurden einzelne Stellen des Neuen Testaments. — Schülerzahl: 4.

2. Italienische Sprache.

I. Kurs wöchentlich 2 Stunden. Die Formenlehre bis zu den unregelmäßigen Zeitwörtern nach der Grammatik von Ammer-Freymüller. Lectüre mehrerer Absätze aus dem ital. Lesebuch von demselben. Zahl der Schüler: 6.

II. Kurs wöchentlich 2 Stunden: die unregelmäßigen Zeitwörter und die Syntax. Gelesen Manzoni i promessi sposi c. 7—10., Dante Purgat. cant. I—V. Zahl der Schüler: 5.

3. Englische Sprache.

I. Kurs, wöchentlich 2 Stunden. Grammatik, Uebungsbeispiele und Lektüre nach Gaspey. Schriftliche Arbeiten und Versuche von Sprechübungen. Schülerzahl: 12.

II. Kurs, wöchentlich 2 Stunden. Uebersetzung und Erklärung von Shakespeare's Julius Cäsar und Lady Fullerton's Life of St. Frances of Rome. Repetition der Grammatik, Uebungen u. dgl. im Anschluß an die Lektüre. Schülerzahl: 6.

4. Stenographie.*)

Der Unterricht, mit Benützung der vorgeschriebenen Lehrmittel in wöchentlich 2 Stunden ertheilt, umfaßte:

Im I. Kurse: Die Wortbildung und Wortkürzung; Lese- und Schreibübungen. — Schülerzahl: 10.

Im II. Kurse: Wiederholung des früheren Lehrpensums und Beginn der Satzkürzung, und zwar: Form-, Klang- und gemischte Kürzung. Uebung im Lesen literarischer Zeitschriften, insbesonders aber im praktischen Nachschreiben (dieses Jahr selbst von Predigten). Schülerzahl: 7.

5. Zeichnen.

Die Elemente des Freihandzeichnens. Entwerfen einfacher und reicherer Ornamente, das Landschafts-, Kopf- und Figurenzeichnen, sowie das technische Zeichnen in einem für die Schüler der V. Latein- und I. Gymnasialklasse methodisch durchgeführten Kursus. 4 Stunden wöchentlich. — Schülerzahl: 90.

6. Gesang.*)

I. Untere Abtheilung, wöchentlich 2 Stunden. Schülerzahl: 19 Lateinschüler.

---

*) In den bei Stenographie und Gesang angegebenen Ziffern sind die Seminaristen, die in den beiden Fächern im Seminare selbst Unterricht haben, nicht eingerechnet.

II. Mittlere Abtheilung, wöchentlich 2 Stunden. Schülerzahl: 14 Lateinschüler.

III. Obere Abtheilung, wöchentlich 4 Stunden. a) 4 Sopranisten, b) 8 Altisten, c) 6 Tenoristen, d) 9 Bassisten.

7. Naturgeschichte.

I. Abtheilung. I. Lateinklasse, wöchentlich 1 Stunde.

Uebersicht der Naturreiche. Uebersichtliche Darlegung der Klassen des Thierreiches. Behandlung der Wirbelthiere. — Zahl der Theilnehmer 36 Stadtschüler.

II. Abtheilung. II. Lateinklasse, wöchentlich 1 Stunde.

a) Im Wintersemester Zoologie: Uebersicht der Naturreiche. Eintheilung der Thiere. Die Wirbelthiere im Allgemeinen. Behandlung der wirbellosen Thiere, insbesondere der Insekten. (Käfer und Schmetterlinge.)

b) Im Sommersemester Botanik: Einleitende Bemerkungen über den Bau und das Leben der Pflanzen. Linnéische Eintheilung. Demonstrationen an Abbildungen und natürlichen Pflanzen. Anleitung zum Anlegen von kleinen Herbarien. — Zahl der Theilnehmer 35 Stadtschüler.

III. Abtheilung. III., IV. und V. Lateinklasse, wöchentlich 1 Stunde.

a) Im Wintersemester Mineralogie: die Steine, Salze, Brenze und Metalle mit besonderer Berücksichtigung ihrer technischen Verwendung.

b) Im Sommersemester: Der Bau des menschlichen Körpers nach Fiedler. — Zahl der Theilnehmer 35 Stadtschüler.

Als Lehrmittel dienten für alle drei Abtheilungen naturgetreue Abbildungen (Fiedler, Geißler, Jäckel, Ruprecht u. s. w.); die

Sammlungen der Gewerbschule und des hiesigen naturhistorischen Vereins, welche mit den Schülern öfters besucht wurden. Im Sommersemester machte der Lehrer mit den Schülern an einigen schulfreien Nachmittagen botanische Excursionen.

8. Schwimmen.

Schwimmunterricht erhielten die Stadtschüler in der k. Militärschwimmschule, wöchentlich 9 Stunden. Schülerzahl: 86.

Namen der Schüler.

IV. Gymnasialklasse.

Schülerzahl am Anfang: 21. Am Ende: 20.

Fortl. Nr.	Namen der Schüler	Alter Jahr	Mon.	Geburtsort	Confession	Stand der Eltern.
1	Abert Karl	19	5	Münnerstadt Untfr.	kth.	Kirchner
2	Eckinger Johann	20	7	Irching	„	Bauer
3	Erraz Jos.	20	9	Rotthalmünster	altk	k. A.-G.-Rath in Passau
4	Frebl Jakob	21	—	Käferling	kth.	Bauer
5	Fürst Jakob	21	2	Oberkatzendorf	„	Bauer
6	Gschwandtner Ant.	19	6	Dobl	„	Gütler
7	Hackl Franz	19	3	Erlachhof	„	Bauer † †
8	Haller Jos.	19	—	Hutthurn	„	Seifensieder
9	Hauer Karl	18	7	Obernzell	„	Binder
10	Knab Franz	20	4	Passau	„	Bäcker
11	Knittelmaier Joh.	20	7	Hofkirchen	„	Conducteur in Passau
12	Mader Johann	19	9	Endlau	„	Bauer
13	Maier Anton	22	4	Hartkirchen	„	Krämer
14	Propst Lorenz	19	6	Ering	„	Bäcker
15	Scheungrab Martin	20	9	Oblfing	„	Bauer
16	Schnabl Anton	19	8	Passau	„	Hauptzollamtsdiener
17	Stengel, K. Frhr. v.	17	10	Donauwörth	„	k. Stadtrichter in Passau
18	Wittmann Franz	18	8	Aldersbach	„	Privatier in Passau
19	Zellner Heinrich	18	7	Passau	„	Agent †
20	Zelzer Franz	19	4	Schießweg	„	Federnhändler

Jos. Schneider ist um Weihnachten ausgetreten.

III. Gymnasialklasse.

Schülerzahl am Anfang und Ende 28.

Fortl. Nr.	Namen der Schüler	Alter Jahr	Mon.	Geburtsort	Confession	Stand und Wohnort der Eltern
1	Baumgartner Frz.	18	6	Ilzstadt-Passau	kth.	Gastwirth
2	Breuherr Josef	18	6	Herzogau	"	Bauer
3	Buchbauer Hermann	19	6	Unterkreuzberg	"	Hausbesitzer hier
4	Duschl Johann	19	—	Steinach	"	Bauer
5	Eder Frz. Xaver	20	—	Oberbierhausen	"	Bauer
6	Flessa Ernst	17	9	Freilassing O.-B.	"	k. Oberzollinspektor hier
7	Geißler Karl	18	5	Landshut	"	k. Rentbeamter hier
8	Haas Norbert	17	8	Hauzenberg	"	prakt. Arzt
9	Haindlmaier Emmeran	21	6	Altötting O.-B.	"	Blumenmacher
10	Hausl Josef	17	8	Gurlarn	"	Schreinermeister
11	Hollweck Josef	20	7	Uttlau	"	Bauer
12	Huber Frz. Xaver	19	2	Hengersberg	"	Schneider
13	Jungermann Karl	17	1	Dingolfing	"	k. Staatsanwalt †
14	Knittelmaier Josef	20	—	Passau	"	Schuhmacher
15	Maier Jakob	17	10	Zeitlarn O.-B.	"	Taglöhner, Teising O.-B.
16	Metz Max	19	4	Simbach b. Landau a/J.	"	Aufschläger in Regen †
17	Moser Heinrich	19	5	Fürstenstein	"	Privatier in Eggendobl
18	Niedermaier Jakob	18	5	Eichendorf	"	Fragner
19	Nöpl Franz Seraph	19	5	Gänswies	"	Leinwandhändler
20	Philipp Friedrich	20	—	Unterkreuzberg	"	Bauer [i/W.
21	Pletl Georg	19	7	Höllmannsried	"	Drechsler in Kirchberg
22	Reischl Max	19	10	Passau St. Nicola	"	Gärtner †
23	Schadenfroh Anton	19	3	Hofkirchen	"	Gastwirth
24	Schmid Ludwig	20	4	Passau	"	Schuhmacher
25	Schmidt Franz	19	9	Ilzstadt-Passau	"	Fischer
26	Schwarzmeier Heinrich	20	7	Tabeckendorf	"	Söldner
27	Staudhammer Sebast.	18	8	Burgkirchen O.-B.	"	Bauer
28	Wasner Karl	18	6	Vilshofen	"	Privatier

II. Gymnasialklasse.

Schülerzahl am Anfang: 25. Am Ende 24.

Fortl. Nr.	Namen der Schüler	Alter Jahr	Alter Mon.	Geburtsort	Confession	Stand und Wohnort der Eltern
1	Bablitzka Jos.	19	4	Maienfeld	kth.	Weber in Ahornet
2	Ehrenreiter Joh.	19	10	Großtannensteig	„	Wirth
3	Gerauer Leop.	20	1	Kößlarn	„	Bauer in Fürstberg
4	Hahn Johann	17	10	Oelling	„	Bauer
5	Heilmaier Ferd.	19	—	Tann	„	Färber
6	Pfaff Edmund	16	1	Arnstein U.=F.	„	f. Bez.=Amtm. in Regen
7	Praun Martin	17	1	Weilheim O.=B.	„	Stadtschreiber †
8	Pröbstl Max	19	2	Freyung	„	Metzger †
9	Raster Aloys	18	1	Peigerting	„	Bauer in Klessing
10	Reitmaier Georg	18	8	Beicht	„	Bauer
11	Schlag Fritz	16	7	Passau	„	f. App.=Ger.=Rath
12	Seider Andr.	18	8	Loipfering	„	Gütler
13	Senninger Jos.	16	3	Lindau Schw.	„	f. Hpt.=Zollamts=Contr
14	Späth Jos.	18	1	Entscherreut	„	Hausbes. in Altenmarkt
15	Spiegelbauer Joh.	18	9	Röham	„	Krämer
16	Steininger F. X.	18	2	Ilzstadt	„	Schiffmann †
17	Stockinger Jos. sen.	18	4	Walchsing	„	Bauer
18	Stockinger Jos. jun.	17	5	Dommelstadl	„	Zimmermann
19	Urban Ludw.	18	7	Vilsbiburg	„	Bräuer †
20	Wagner Georg	18	6	Sperrwies	„	Fragner †
21	Weidenthaler Andr.	18	—	Weinberg	„	Maurer
22	Wildthum Joh.	18	1	Salzweg	„	Bauer †
23	Winkelhofer Frz.	18	6	Höhenstadt	„	Bauer
24	Winkler Joh.	18	6	Hofkirchen	„	Uferförg in Pleintin

Bemerkung.

Ein Schüler wurde entlassen.

I. Gymnasialklasse.

Schülerzahl am Anfang und Ende: 23.

Fortl. Nr.	Namen der Schüler	Alter Jahr	Mon.	Geburtsort	Confession	Stand und Wohnort der Eltern
1	Bernhuber Franz P.	17	1	Obernzell	kth.	Krankenhausarzt hier
2	Buchböck Math.	16	9	Passau	"	Kaufmann
3	Cortolezis Ferd.	17	9	Passau	"	Lehrer
4	Fischhold Franz X.	16	7	Kirchdorf	"	Landmann
5	Gößl Franz X.	15	9	Osterhofen	"	Kaufmann
6	Hopfenwieser Jos.	20	6	Schachten	"	Landm. in Willnbach
7	Jehlin Jos.	15	5	Aibling O.-B.	"	p. k. Assessor hier
8	Jehlin Karl	17	—	Aibling O.-B.	"	p. k. Assessor hier
9	Moser Joh.	18	4	Thalberg	"	Steinhauer i. Haslberg
10	Pfaffinger Jos.	16	6	Freyung	"	Tischler
11	Pinsker Jos.	17	5	Marchetsreut	"	Fabrikant dahier
12	Pobo Jos.	17	11	Niederpöring	"	Zimmermann
13	Redwitz Alex., Bar. v.	18	8	Metzenhof O.-Fr.	"	Gutsbes. u. Privat. hier
14	Schiffner Georg	17	7	Linz Oesterreich	"	k. k. Hptzolla.-Verw. hier
15	Sommer Franz	16	7	Asenham	"	Gütler
16	Stapfer Augustin	16	1	Triftern	"	Zimmermeister
17	Stengel Wilh., Bar. v.	16	1	Donauwörth Schw.	"	k. Stadtrichter hier
18	Stummer Jos.	17	7	Wald	"	Landmann in Furth
19	Sutor Adolf	16	7	Passau	"	Glasermeister
20	Vittorini Vincenz	18	6	Passau	"	Apotheker
21	Weidinger Max	17	—	Rosenau	"	Handelsmann hier
22	Wirnhier Jos.	18	5	Malgersdorf	"	Bader
23	Zistl Eugen	15	6	Passau	"	k. Notar in Wegscheid

V. Lateinklasse.

Schülerzahl am Anfang: 33. Am Ende: 33.

Fortl. Nr.	Namen der Schüler	Alter Jahr	Mon.	Geburtsort	Confession	Stand und Wohnort der Eltern
1	Abröll Georg	14	6	Altötting O.-B.	kth.	Schuhmacher
2	Aschenberger Andreas	15	10	Riedau Oberösterr.	"	Bauer †
3	Bachl Franz Borg.	16	—	Ering	"	Zimmermann
4	Bergmeier Joseph	15	7	Schönau	"	Bauer
5	Brand Georg	17	4	Asham	"	Bauer
6	Bullinger Joh. Nep.	15	4	Brunndobl	"	Papiermachgeh. Salzb.
7	Eibl Ludwig	15	10	Freyung	"	Schuhmacher
8	Fischer Georg	14	10	Harbach	"	Bauer
9	Fischer Johann	16	8	Haizing	"	Bauer
10	Fuchs Joseph	15	—	Salbenburg	"	Gütler
11	Geier Franz Xaver	16	8	Regen	"	Gütler
12	Hiettringer Joseph	15	9	Passau	"	Faßziehermeister
13	Hiltner Feodor	16	8	Landshut	altk	k. Bez.-A.-Ass. i. Passau
14	Hüttinger Johann	18	7	Hainstetten	kth.	Bauer
15	Jägerbauer Michael	16	5	Passau	"	Schuhmacher
16	Kellner Peter	15	1	Tiefenbach	"	Gütler †
17	Müller Heinrich	15	8	Schwabach M.-Fr.	"	k. Bez.-Geom. i. Passau
18	Niederbauer Georg	17	—	Mörmosen O.-B.	"	Schmied
19	Nöhbauer Georg	17	3	Pfarrkirchen	"	Steinklieber † †
20	Oberdorffer Joseph	16	11	Landshut	"	k. Assessor † †
21	Pamler Franz Xaver	14	4	Ering	"	Schullehrer
22	v. Peter Adolf	16	7	Wolfratshaus. O.-B	"	k. Rentb., O.-Griesbach
23	Pigerl Adam	17	1	Straubing	"	Gend.-Wachtm. Pfarrk.
24	Pummerer Anton	15	5	Passau	"	Kaufmann
25	Reisinger Joseph	15	4	Breitenberg	"	Hausbesitzer
26	Sämmer Joseph	16	5	Röhrnbach	"	Weber
27	Schnablmeier Max	15	2	Zell	"	Schullehr. i. Holzkirch.
28	Söldner Theobald	14	1	Burghausen O.-B.	"	k. L., Kr.-G.-Sch. Pass.
29	Stecher Joseph	16	6	Hals	"	Drechsler
30	Thoma Franz	17	—	Wurmeck	"	Gütler †
31	Wirthensohn Franz X.	15	9	Hauzenberg	"	Schullehrer
32	Wittmann Karl	14	9	Aldersbach	"	Privatier in Passau
33	Zinnöcker Georg	16	11	Passau	"	Weber

Bemerkung.

Stecher trat nach den Weihnachtsferien in die Klasse ein; Aschenberger war längere Zeit krank und Schneider trat zu Ostern aus.

IV. Lateinklasse.

Schülerzahl am Anfang: 28. Am Ende: 27.

Fortl. Nr.	Namen der Schüler	Alter Jahr	Mon.	Geburtsort	Confession	Stand und Wohnort der Eltern
1	Appoiger Mich.	16	8	Poigham	kth.	Schmied †
2	Bacher Adolf	12	1	Straubing	altk	k. B.-G.-Rath i. Passau
3	Bacher Karl	13	3	Straubing	"	k. B.-G.-Rath i. Passau
4	Bill Josef	14	5	Geiselhöring	kth.	Schullehrer in Passau
5	Billinger Martin	15	1	Bindering	"	Weber †
6	Burgmaier Jos.	15	4	Oberreit	"	Häusler
7	Eichinger Karl	17	1	Linz Oesterreich	"	k. k. J.-A.-Off. i. Passau
8	Gutmayr Leopold	13	10	München	"	k. p. Reg.-Aud. in Pass.
9	Hann Georg	16	5	Freyung	"	k. p. Landrichter i. Pass.
10	Hösch Hermann	15	7	Hof	"	p. H.-J.-Amtsd. i. Pass.
11	Kallhamer Anton	16	2	Oberndorf	"	Wirth
12	Kastl Joh. B.	15	11	Leopoldsreuth	"	Schneider
13	Kotter Josef	14	9	Afham	"	Schneider
14	Lambl Emil	16	3	Wien	"	k. k. Bahnerhal.-Vst. P.
15	Merz Rudolf	15	3	Bäckeralpe O.-B.	"	k. Zolleinn. in Egglfing
16	Pummerer Wilhelm	13	—	Passau	"	Kaufmann
17	Rasberger Josef	14	2	Haag O.-B.	"	k. Landr. in Osterhofen
18	Raster Josef	13	11	Kaltenbrunn	"	Häusler
19	Rosenberger Anton	14	8	Wolfau	"	Häusler
20	Schneiderbauer Sebast.	15	10	Altötting O.-B.	"	Bauer †
21	Schnell Joh. Nep.	16	7	Schönberg	"	k. Förster in Riedlhütte
22	Söldner August	12	10	Burghausen O.-B.	"	k. Lehrer K.-G.-Sch.i.P.
23	Stiegler Anton	14	7	Passau	"	Platzmeister
24	Tiefenböck Joh. B.	14	8	Rempoldenreut	"	Gütler
25	Weiherer Otto	15	8	Triftern	"	Pechler
26	Weinzierl Jos.	15	7	Leuthen	"	Zimmermann
27	Wurm Sebast.	14	7	Feichten O.-B.	"	Bauer

Bemerkung.

Der Schüler Wilhelm Lorenz trat zu Ostern wegen Kränklichkeit aus.

III. Lateinklasse.

Schülerzahl am Anfang: 59. Am Ende: 57.

Fortl. Nr.	Namen der Schüler	Alter Jahr	Mon.	Geburtsort	Confession	Stand und Wohnort der Eltern
1	Albrecht Wilhelm	15	2	Linz, Oberösterr.	prot	Lokomotivführer in
2	Alzinger Ludwig	14	11	Haarbach	kth.	Söldner [Passau
3	Arnschink Max	14	10	Schöllnach	"	Schullehrer
4	Bayer Robert	15	3	Gundihausen	"	Schullehrer in Aicha v.
5	Bernhard Johann	13	10	Renholding	"	Gütler † [W.
6	Dick Michael	12	11	Ebersberg	"	Wirth †
7	Dietrich Josef	14	1	Landau a./J.	"	Tischler in Simbach bei
8	Fischer Johann	13	4	Pfarrkirchen	"	Weber [Landau
9	Fischhold Paul	13	—	Landau a./J.	"	k. Forstm. in Kelheim
10	Frölich Josef	14	5	Passau	"	Fragner und Postexpe=
11	Götz Ludwig	13	6	Obergriesbach	"	Chirurg [ditor
12	Griesbacher Peter	12	4	Oberegglham	"	Müller
13	Hack Johann	14	—	Neuburg a./J.	"	Schuhm. in Neuötting
14	Hartmann Heinrich	12	5	Münnerstadt, U.=F.	"	k. Lyc.=Prof. in Passau
15	Henneberger Georg	14	1	Pfaffenberg	"	k. Aufschläger in Rohr
16	Henneberger Ludw.	12	—	Hengersberg	"	k. Ldg.=Assess. in Passau
17	Hiettringer Joh. N.	14	3	Passau	"	Faßziehermeister
18	Hinter Joh. B.	14	6	Landau a./J.	"	Färbermeister
19	Hinterheller Joh. B.	14	3	Doblham	"	Gütler
20	Hofbrückl Joh. Ev.	13	10	Langkünzing	"	Gütler in Damenstift
21	von Hueb Max	12	10	Passau	"	k. Bez.=Ger.=Rath
22	Hutsteiner Joachim	14	5	Hofkirchen	"	Taglöhner in Vilshofen
23	Irringer Josef	13	8	Eholfing	"	Schneider
24	Jehlin Max	12	—	Geisenfeld, O.=B.	"	qu. k. Ldg.=Ass. i. Passau
25	v. Kamerlohr Joh. N.	14	4	Freyung	"	k. Forst=A.=Ass. i. Passau
26	v. Kamerlohr Jos.	12	10	Freyung	"	k. Forst=A.=Ass. i. Passau
27	Kober Karl	11	3	Bayreuth, O.=F.	"	k. Bezirksger.=Rath in
28	Koll Joh. N.	14	3	Jahrdorf	"	Bauer [Passau
29	Kraus Ludwig	12	9	München	"	Zugführer in Passau
30	Lammert Ignaz	14	9	Oettingen, Schw.	"	k. Oberförster †
31	Lang Franz Sal.	13	6	Waldkirchen	"	Inwohner
32	Laurer Joh. N.	14	11	Osterhofen	"	Gütler
33	Lehner Ludwig	13	10	Ragerreuth	"	Weber in Unterötzdorf

Fortl. Nr.	Namen der Schüler	Alter Jahr	Mon.	Geburtsort	Confession	Stand und Wohnort der Eltern
34	Leopoldseder Max	12	10	Wolfar	kth.	Schullehrer i. Rainding
35	Mabl Ludwig	16	1	Leopoldsreut	"	Bauer in Unterhöhen=
36	Maier Max	14	—	Dommelstadl	"	Bindermeister [stetten
37	Meindl Josef	15	2	Irlesberg	"	Privatier in Röhrnbach
38	Milke Luitpold	15	9	München	"	Rechtsconcipient †
39	Müller Joh. B.	14	3	Hugelfing, O.=B.	"	k. Bez.=Geom. in Passau
40	Oberneder Andreas	14	10	Pfaffenreut	"	Bauer †
41	Praßlsberger Gottfr.	13	1	Aidenbach	"	Apotheker
42	Reitberger Joh. N.	15	5	Rainding	"	Schmied
43	Reiter Albert	13	7	Passau	"	Fragner
44	Schlögl Hermann	14	1	Bischofsmais	"	Krämer
45	Schmid Theodor	15	4	Passau	"	Handelsmann
46	Senninger Ferdinand	13	5	Passau	"	k. Triftmeister
47	Späth Mathias	14	—	Predling	"	Hausbesitzer in Damen=
48	Stallhofer Anton	14	3	Aspach	"	Bauer [stift
49	Stelzer Josef	13	2	Großtannensteig	"	Gütler
50	Traxinger Mathias	13	—	Eitlingerberg	"	Gütler
51	Trost Franz X.	12	6	Damenstift	"	Bierbrauer
52	Vogl Josef	15	2	Winzer	"	Gütler
53	Wimbauer Michael	14	10	Altötting, O.=B.	"	Zimmermann
54	Wimmer Heinrich	15	3	Passau	"	Organist
55	Wittmann Lothar	12	8	Aldersbach	"	Privatier in Passau
56	Wurstbauer Josef	16	8	Klessing	"	Inwohner
57	Zistl Michael	14	3	Schöllnach	"	Lederer

Bemerkung.

Stockinger Rudolf ist im Oktober und Kleebauer Jakob im Januar von der Anstalt weggeblieben.

II. Lateinklasse. (Abtheilung A.)

Schülerzahl am Anfang und Ende: 38.

Fortl. Nr.	Namen der Schüler	Alter Jahr	Mon.	Geburtsort	Confession	Stand und Wohnort der Eltern
1	Abt Rudolf	13	—	Kempten (Schw.)	kth.	k. Appellrath in Passau
2	Allescher Georg	12	8	Grafenau	„	k. Notar
3	Bauer Georg	14	1	Wimm	„	Taglöhner in Passau
4	Beigl Franz	12	7	Walchsing	„	Bauer
5	v. Belli de Pino Guido	10	11	München	„	k. Major in Passau
6	Duschl Johann	15	5	Oberpöring	„	Kolporteur
7	Eibl Max	11	10	Passau	„	Kaufmann †
8	Fürstberger Eugen	12	2	Postmünster	„	Musiker
9	Garhamer Mathias	13	—	Messerschmidmühle	„	Müller
10	Götz Alfons	11	6	München	„	Schäffler †
11	Haider Lorenz	15	2	Rathsmannsdorf	„	Weber [k. Postmstr. h.
12	Hannauer Hugo	10	3	Würzburg	„	Pflgvat. Hr. Hannauer,
13	Hartmann Josef	10	4	Münnerstadt(U.-F)	„	k. Lycealprof. in Passau
14	Hausenberger Ludw.	14	7	Reisbach	„	Krämer in Wisselsing
15	Hauser Peter	12	9	Landau a./J.	„	Taglöhner
16	Haydn Johann	14	5	Wegscheid	„	Gastwirth †
17	Heindl Josef	13	5	Innstadt=Passau	„	Seifensieder
18	Heinensperger Heinr.	12	11	Passau	„	k. Rektor †
19	Hoh Max	11	10	Breitenberg	„	k. Oberkontr. in Passau
20	Hohlweg Anton	11	8	Passau	„	Schneidermeister
21	Holzbauer Franz	13	9	Aldersbach	„	Gütler †
22	Huber Alois	14	3	Zeilarn	„	Bauer †
23	Lammert Gottfr.	13	2	Oettingen (Schw.)	„	k. Oberförster †
24	Lang Mathias	13	6	Obernzell	„	Fabrikarbeiter
25	Maier Anton	12	5	Ruderting	„	Wirth
26	Mikus Franz	12	9	Malgersdorf	„	Tischler in Arnsdorf †
27	Rixinger Joh.	11	7	Damenstift	„	Privatier in Osterhofen
28	Rohrhofer Johann	13	3	Lindenthal	„	Gastwirth
29	Rost Karl	12	6	Ebermannstadt(O.=	„	k. Bezirks-Amtmann in
30	Rotenaicher Lor.	12	3	Birnbach [Fr.)	„	Bauer † [Vilshofen
31	Sämmer Robert	13	7	Röhrnbach	„	Gastwirth [Rosenheim
32	Schneider Adolf	12	2	Obergriesbach	„	Rentamts-Oberschr. in
33	Seitz Anton	13	9	Wolfakirchen	„	Schullehrer
34	Sell Ludwig	12	11	Osterhofen	„	Apotheker [ster.
35	Spagl Franz	12	1	Neukirchen	„	k. Notar i. Rotthalmün=
36	Streicher Karl	11	11	Weilheim (Ob.-B.)	„	k. Appellrath in Passau
37	Taucher Franz	11	7	Passau	„	k. Bezirksamtmann †
38	Vielweib Georg	13	9	Tüßling	„	Postexpeditor

II. Lateinklasse. (Abtheilung B.)

Schülerzahl am Anfang: 37. Am Ende: 35.

Fortl. Nr.	Namen der Schüler	Alter Jahr	Alter Mon.	Geburtsort	Confession	Stand und Wohnort der Eltern
1	Aschenbrenner Ludw.	14	11	Passau	kth.	Lotse
2	Attenberger Heinr.	11	11	Obergriesbach	altk.	k. Assessor
3	Brunbauer Max	13	10	Würding	kth.	Tischlermeister †
4	Drexler Friedrich	12	4	Passau	"	k. Bieraufschl.=Einn. Vilsh.
5	Eglseer Ernst	13	—	Regensburg	"	Privatier in Passau
6	Endres Konrad	12	10	Furth, Oberpf.	"	Zugführer in Passau
7	Erhard Ludw.	12	11	Aicha v./W.	"	pr. Arzt in Passau
8	Fritz Fr. Xav.	14	—	Freyung	"	k. Notar
9	Gierg Fr. Xav.	12	3	Pörndorf	"	Krämer [bei Passau
10	Glaser Max	12	10	Obernzell	"	k. Zolleinn. i. Mariahilf
11	Haßler Hugo	12	—	München	"	Buchhalter in Passau
12	Haushofer Jos.	13	6	Dommelstabl	"	Bauer
13	Heller Ludw.	13	6	Ranfels	"	Wasenmeister
14	Höltl Mich.	10	10	Niederham	"	Kleingütler
15	Huber Jos.	14	9	Pleinting	"	Maurer
16	Irber Fr. Xav.	14	8	Hasmanning	"	Bauer
17	Kronzucker Alois	11	4	Vornbach	"	Metzgermeister
18	Kufner Waldem.	11	6	Osterhofen	"	pr. Arzt
19	Lacher Karl	11	4	Günzburg	"	k. Bau=A.=Assess. Passau
20	Lanzhammer Joh. Ev.	11	11	Dingolfing	"	k. Aufschl.=Einn. Passau
21	v. Mühldorfer Otto	11	11	Guggenberg, Schw.	"	Privatier in Passau
22	Peer Franz	14	6	Wegscheid	"	Weber †
23	Philipp Jos.	14	4	Köppenreut	"	Bauer
24	Riederer Fr. Ser.	13	7	Vilshofen	"	Bahnwärter i. Schwan=
25	Röhrner Joh.	13	1	Vilshofen	"	Sattler [dorf ††
26	Scherrer Jos.	12	11	Riesling	"	Taglöhner in Passau
27	Schmidbauer Jos.	11	4	Schwarzhöring	"	Wirth
28	Schöner Karl	12	2	Dillingen	"	k. Zeichn.=Lehrer Passau
29	Schwab Ludw.	12	9	Augsburg	prot	k. Kaserninspekt. Passau
30	Stemplinger Joh.	12	11	Steinberg	kth.	Bauer
31	Steyrer Clem.	11	3	Deggendorf	"	k. Rechtsanwalt
32	Stinglwagner Alb.	13	1	Tristern	"	Postexpeditor
33	Thurnwalder Joh.	13	8	Obernzell	"	Kaufmann
34	Thurnwalder Karl	12	5	Obernzell	"	Kaufmann
35	Vittorini Heinr.	13	6	Passau	"	Apotheker

Bemerkungen.

Während des Schuljahres traten aus: Biermeier, Heinbl und Wolfring; Steyrer trat im Dezember ein.

I. Lateinklasse.

Schülerzahl am Anfang: 62. Am Ende: 56.

Fortl. Nr.	Namen der Schüler	Alter Jahr	Alter Mon.	Geburtsort	Confession	Stand und Wohnort der Eltern
1	Blümlein Aug.	10	1	Passau	kth.	Kaufmann
2	Endter Ludw.	12	—	Erlbach	"	Lehrer
3	Fellner Georg	13	—	Obergrafensee	"	Wechselwärter i. Passau
4	Fischer Fritz	12	7	Haibach, Ob.=Oest.	"	Gastwirth
5	Fischer Heinr.	13	2	Osterhofen	"	Kaufmann
6	Friedlmaier Georg	12	4	Tristern	"	Gütler
7	Fuchs Joh.	13	9	Pulvermühl	"	Steinmetz in Passau
8	Glöckle Eug.	11	2	Zwiesel	"	k. Oberförster in Passau
9	Gruber Seb.	12	7	Raffelsdorf	"	Schmied in Wisselsing
10	v. Haasy Burkh.	10	2	Passau	"	k. Bez.=Gerichtsassessor
11	Haydn Nep.	12	1	Freyung	"	Gastwirth
12	Heiß J. B.	11	1	Tölz, O.=B.	"	Floßmeister
13	Herrmann Ludw.	11	1	Obernzell	prot	Fabrikbesitzer
14	Hoh Bernh.	10	4	Breitenberg	kth.	k. Ober=Contr. i. Passau
15	Hundsberger Karl	12	8	Vilshofen	"	Schuhmacher
16	Jetzelsperger Jos.	12	—	Obergrund	"	Privatier in Altötting
17	Jung F. X.	10	10	Birnbach	"	Schuhmacher
18	Katzbobler Jos.	11	8	Preming	"	Bauer
19	Kinateder Luk.	12	8	Oberdiendorf	"	Bauer in Niederneureut
20	Koller F. X.	12	7	Kropfmühle	"	Müller †
21	Laucher Eug.	11	2	Deggendorf	"	k. App.=Unterger.=Schr.
22	Lippl Mark.	12	4	Sonnen	"	Lehrer in Kumreuth
23	Lommer Georg	9	5	Landshut	altk	k. Advokat in Passau
24	Maier Adolf	12	4	Weiderwiese	kth.	Schneider in Passau
25	Meindl Max	12	9	Passau	"	Faßziehermeister
26	Möhl Fr.	11	9	Gerzfeld	"	k. B.=A.=Assess. i. Regen
27	Mühlberger Mich.	11	10	Obernzell	"	Gastwirth u. Posthalter
28	v. Mühldorfer Ludw.	12	11	Schwabmünchen, Schw.	"	Hausbesitzer in Passan
29	Müller Adam	12	6	Regensburg	"	k. Bez.=Geom. in Passau
30	Niedermaier Heinr.	11	7	Eichendorf	"	Schneidermeister
31	Petermüller Herm.	12	3	Passau	"	ehem. k.k. Zolleinnehmer
32	Pflieger Georg	13	6	Dorfbach	"	Gütler
33	Pummerer Ludw.	11	—	Erlau	"	Fabrikbesitzer in Passau

Fortl. Nr.	Namen der Schüler	Alter Jahr	Alter Mon.	Geburtsort	Confession	Stand und Wohnort der Eltern
34	Raab Roman	11	8	Passau	kth.	k. Postofficial
35	Rasberger Max	11	9	Osterhofen	"	k. Landrichter
36	Reitmaier Ed.	13	8	Kirchdorf	"	Gastwirth
37	Resch J. B.	13	2	Rastbüchl	"	Leinwandhändler
38	Schabenfroh Wolfg.	13	6	Hofkirchen	"	Privatier †
39	Schreindl F. X.	12	8	Grafenau	"	Bäckermeister
40	Schrenck Wilh.	12	2	Arnsdorf	"	Bauaufseher
41	Schwendler Max	10	7	Deggendorf	"	k. Ldg.-Assess. in Passau
42	Sell Jos.	11	4	Osterhofen	"	Apotheker
43	Siller Fr.	12	6	Obernzell	"	Leinwandfabrikant †
44	Stadler Joh. B.	12	3	Hörpling	"	Bauer
45	Stadler Jos.	12	7	Hollerbach	"	Weber
46	Steinkogler Fr.	12	2	Passau	"	k. k. Hpt.-Z-A.-Official
47	Steinleitner Jos.	12	9	Aholming	"	Bahnwart
48	Grf. v. Tauffkirchen Ed.	11	10	Passau	"	k. Hauptmann a. D.
49	Ulrich Ed.	11	4	Linz, Ob.-Oest.	"	k. k. Hauptmann
50	Waldbauer Lud.	11	5	Pfaffenreut	"	Bauer
51	Weidinger Ant.	11	5	Rosenau	"	Krämer in Passau
52	Weinzierl Max	10	10	Passau	"	k. Stabsauditeur †
53	Wiegand J. X.	11	10	Passau	"	Goldarbeiter
54	Wieninger Fel.	11	10	Vilshofen	"	Bierbräuer u. Gutsbes.
55	Wiesbauer Max	14	4	Freyung	"	Weißgerber
56	Wimmer Ant.	11	11	Kumreuth	"	Schullehrer in Hals

Bemerkungen.

1) Während des Schuljahres traten aus: Hirner, Piechler, Schembera, Schmeidl, Wintlhofer und Zistl. 2) Heiß und Weinzierl traten während des Monats November in die Klasse ein. 3) Madl Joh. und Fischer Adolf, zwei brave und fleißige Schüler, sind gestorben, ersterer am 5. Dezember, letzterer am 12. April.

Zur Chronik.

Die Inscription der neueingetretenen und der zu einer Nachprüfung verhaltenen Schüler wurde am 25. September vorgenommen und begannen deren Prüfungen am 27. September. Die allgemeine Inscription fand am 30. September statt. Am 1. Oktober war der Initialgottesdienst, die Verlesung und Erläuterung der Disciplinarsatzungen und in den einzelnen Klassen die Bekanntgebung der Unterrichtsstoffe und des Lektionsplanes, worauf am 2. Oktober der vollständige Klassenunterricht seinen Anfang nahm.

Am Anfange des Jahres waren am Gymnasium 97, an der lat. Schule 256, im Ganzen 353 Schüler inscribirt. Am Ende des Schuljahres waren am Gymnasium 95, an der lat. Schule 246, im Ganzen 341 Schüler vorhanden. Davon gehören 3 der protest. Confession an, die übrigen sind katholisch, beziehungsweise altkatholisch (6). Letzteren wurde von dem altkatholischen Priester Herrn Jos. Demmel Religionsunterricht ertheilt.

Zöglinge in den bisch. Seminarien sind 168 Schüler.

Im Lehrpersonal ist nur Eine Aenderung eingetreten. An die Stelle des laut allerh. Entschließung vom 26. September 1875 zum Studienlehrer an der isolirten Lateinschule in Günzburg ernannten bish. Assistenten Herrn Johann Liebl wurde der geprüfte Lehramtscandidat Herr Georg Jos. Dürnhofer als Assistent aufgestellt. In den Monaten Oktober und November hatten die Schüler der 2. Lateinklasse B gemeinschaftlichen Unterricht mit denen der Abtheilung A.

Die Ertheilung eines facultativen naturhistorischen Unterrichts durch Herrn Studienlehrer Mayenberg wurde dadurch möglich gemacht, daß Herr Prof. Steck den mathematischen Unterricht in der 5. Lateinklasse bereitwilligst übernahm. Diese Veranstaltung wurde durch k. Regierungsentschließung vom 10. November 1875 genehmigt.

Viermal im Laufe des Jahres empfingen die Schüler die hl. Sakramente der Buße und des Altares. 19 Schüler empfingen am 4. Sonntage nach Ostern unter angemessener Feierlichkeit zum ersten Male das hl. Sakrament des Altares.

Den Herren Lycealprofessoren wird für die im Beichtstuhle geleistete Aushilfe der aufrichtigste Dank ausgesprochen.

Das Maifest wurde am 12. Mai mit musikalischen und deklamatorischen Vorträgen gefeiert.

Am 3. August fand ein öffentliches Abturnen der Studienschüler statt.

Die schriftliche Absolutorialprüfung wurde am 17., 18 und 19. Juli, die mündliche am 31. Juli, 1. und 2. August abgehalten.

Sämmtliche Schüler der Oberklasse erhielten das Maturitätszeugniß.

Zum Studium der Theologie wollen sich wenden: Eckinger, Fürst, Gschwandtner, Hackl, Haller, Knittelmaier, Mader, Maier, Probst, Scheungrab und Zelzer.

Das Studium der Rechte wollen ergreifen: Knab und Zellner. Hauer gedenkt das Studium der Medicin, Fredl das der neueren Sprachen zu wählen. — Frhr. v. Stengel und Wittmann wollen dem Studium der Mathematik, Abert, Erras und Schnabel den Naturwissenschaften sich widmen.

Die Aushändigung der Absolutorialzeugnisse erfolgte bei dem am 5. August nach dem Dankamte abgehaltenen feierlichen Schlußakte.

Für die Wohlthaten, welche auch im abgelaufenen Schuljahre den Schülern in reichlicher Fülle gespendet wurden, wird den edlen Gebern der wärmste Dank gezollt.

Für das Schuljahr 1876/77 haben sich die neueintretenden und diejenigen Schüler, denen eine Prüfung auferlegt ist, am 26. September anzumelden. Die Inscription der übrigen Schüler geschieht am 30. September.

Joh. Bapt. Reger,
k. Studienrektor und Professor.

Der musikalische Verein zu Passau
im Jahre 1875/76.

Der musikalische Verein eröffnete am 22. November, am Feste der hl. Cäcilia, das 63. Jahr seines Bestehens mit einem feierlichen, von dem Vereinsvorstande, Sr. Gnaden Herrn Dompropst Dr. Karl Schrödl celebrirten Gottesdienste in der Studienkirche.

1) Violinunterricht ertheilte Herr Georg Deigendesch in 8 Stunden woch. Schüler:

a) unterer Cursus A: Rost Karl, Schnell, Götz Ant., Milke, Wittmann Loth., Müller Ad., Resch, Endres, Thurmwalder Karl.

unterer Cursus B: v. Hueb, Baier, v. Kammerlohr Jos., Zistl Ludw., Hartmann Heinr., Hartmann Jos., v. Mühldorfer Ludw., Blümlein, Lommer.

b) mittlerer Cursus: Schöner, Sämmer, Jehlin Jos., Thurm= walder Joh., Hiltner, Glaser, Weidinger Max.

c) oberer Cursus: Viktorini Heinrich, Haydn Joh., Wimmer, Streicher, Zistl Eugen, Gößl.

2) Klavierunterricht ertheilte Herr Präparandenlehrer Heinr. Mühlberger in 2 Stunden woch. Schüler:

Sutor, Müller J. B., v. Redwitz.

3) Orgelunterricht ertheilte der nämliche. Schüler:

Moser, Pinsker, Hann.

4) Violoncellounterricht ertheilte Herr Heinrich Wurst in 2 Stunden woch. Schüler:

a) obere Abtheilung: Buchbauer.

b) untere Abtheilung: Gößl, Zistl Eugen.

5) Unterricht im Contrabaß ertheilte der nämliche in 1 Stunde woch. Schüler:

Buchbauer.

6) Flötenunterricht ertheilte Herr Franz Geier in woch. 3 Stunden.

a) untere Abtheilung: Reiter, Müller, die Gewerbschüler Gut, Färber, Scheibenzuber.

b) obere Abtheilung: Jungermann, Fröhlich, Schnell, Eichinger, Müller.

7) Clarinettunterricht ertheilte der nämliche in 1 Stunde woch. Schüler:

Jungermann, Metz.

8) Gesangunterricht für Mädchen ertheilte die Gesanglehrers= witte Frau Mader in 3 Abtheilungen in 5 Stunden woch. Anzahl der Schülerinen: 29.

Der Hauptaufgabe des Vereins entsprechend wurde von den Schülern die Kirchenmusik besorgt bei sämmtlichen Gottesdiensten in der Studienkirche. Die Orgel spielte Heinrich Moser, Schüler der 3. Gymnasialklasse. Außerdem gaben die Schüler öffentlich Beweise ihrer Fortschritte durch die musikalische Produktion beim Maifeste.

Abrechnung

über Einnahmen und Ausgaben des musikal. Vereins im Schuljahre 1875/76.

A. Einnahmen.

1. Aktivrest vom Jahre 1874/75	ℳ 102.17
2. Beiträge der Mitglieder	„ 394.70
3. Von der k. Studienfondsverwaltung	
a) von der k. Regierung	„ 222.86
b) aus der Aloysius-Litaneienstiftung	„ 19.88
4. Zinsen	„ 149.18
5. Inscriptionsgelder	„ 32.57
Summe der Einnahmen	ℳ 921.36

B. Ausgaben.

1. für Unterricht und Kirchenmusik	ℳ 642.30
2. für Reparaturen, Besaitung, Musikalien, Bedienung	„ 173.73
Summe der Ausgaben	ℳ 816.03

Abgleichung.

Einnahmen	ℳ 921.36
Ausgaben	„ 816.03
Aktivrest vom Jahre 1875/76	ℳ 105.33

Verzeichniß der Mitglieder des musikalischen Vereins
im Schuljahre 1875/76.

Vorstand:

Se. Hochwürden und Gnaden Titl. Herr Dr. Karl Schrödl, Dompropst.

Ausschuß:

Herr Dr. Abröll, k. Lycealprofessor.
Herr G. Freund, Domkap. u. gstl. Rath.
Herr Dr. J. Nirschl, k. Lycealprof.
Herr Eduard Pleitner, Privatier.
Herr Anton Pummerer, Kaufmann.
J. Reger Studienrektor.
Herr J. Winkelmann, qu. k. Lyceal-Professor.

Mitglieder.

Herr Achatz, Dekan und Stadtpfarrer von Vilshofen.
 „ Allmer, k. Professor a. d. Kreisgewerbschule.
 „ Almer, Stadtpfarrer in Innstadt.
 „ Altmann, k. Landrichter.
 „ Bauer, bisch. geistl. Rath, Dekan und Stadtpfarrer in Ilzstadt.
 „ Berghofer, Privatier.
 „ Bieringer, Pfarrer in Grainet.
 „ Biesterfeld, k. preuß. Steuerinspekt.
 „ Brunner Pfarrer in Waldkirchen.
Herr Bucher, Buchdruckereibesitzer und Buchhändler.
 „ Dr. Burgl, k. Bezirksgerichtsarzt.
 „ David, Pfarrer in Dietersburg.
 „ Deiters, Buchhändler.
 „ Dr. Diendorfer, k. Lycealprofessor.
 „ Ebenhofer, k. Appellrath.
 „ Egger, Apotheker.
 „ Dr. Egger, k. Bezirksarzt.
Frau Elise Eglauer, Kaufmannswittwe.
Herr Eidenschink, k. Studienlehrer.
 „ Elsässer, Privatier.
 „ Endl, Expositus in Mitterskirchen.
 „ Dr. Erhard, prakt. Arzt.
 „ Finsterwald, Kaufmann.
 „ Fischer, k. Bezirksamtmann.
 „ Flessa, k. Oberzollinspektor.
 „ Forsthofer, Dompfarrkooperator.
 „ Fröhlich, Fragner.
 „ Geißler, k. Rentbeamter.
 „ Grubhofer, Pfarrer in Kammern.
 „ Günther, k. Bezirksgerichtssekretär.
 „ v. Haasy, k. Bezirksgerichtsassessor.
 „ Hartwagner, Kaufmann.
 „ Hartmann, k. Lycealprofessor.
 „ Hasenöhrl, Coop. in Röhrnbach.
 „ Hauptmann, Regens.
 „ Hautmann, k. Oberauditeur a. D.

Herr Heindl, Seifensieder.
" Hell, Bierbrauer.
" Herlein, 1. rechtsk. Magistratsrath.
" Hiettringer, Faßzieher.
" v. Hilger, Pfarrer in Grattersdorf.
" Dr. Karl Hoffmann, k. Lycealrektor.
" Hofstätter, Pfr. in Weihmörting.
" Höglauer, k. Bezirksgerichtsassessor.
" Hohenthaner, Cafetier und Magistratsrath.
" Holzner, bischöfl. Sakristan.
" Huber, Kaufmann.
" v. Hueb, k. Bezirksgerichtsrath.
" Hunglinger, k. Notar.
" Joseph Franz, bischöfl. Gnaden.
" Jungkunz, k. Gymnasialprofessor.
" Kanzler, Kunstinstituts-Inhaber.
" Knabenbauer, k. Gymnasial-Prof.
" Knaus, Kaufmann.
" Kochseder, Seminärpräfekt.
" Köchl, Handlungsbuchhalter.
" Kopp, bischöfl. geistl. Rath, Dekan u. Pfarrer in St. Johanniskirchen.
" Kornthenr, Kaufmann.
Frau Kronacker, Kaufmannswittwe.
Herr Kuchler, Lederfabrikant.
" Kühbacher, k. Appellrath.
" Kühbacher, Kaufmann.
" Lang, Kaufmann.
" Laucher, k. Appellger.-Sekretär.
" v. Leeb, k. Oberstaatsanwalt.
" Leiner, Domkapitular.
" Loibl, geistl. Rath und Pfarrer in Triftern.
" Maier, k. Appellrath.
" Mayerhofer J., Kaufmann.
" Maus jun., Färber.
" Mauser, k. Gerichtsschreiber und Studienfondsverwalter.
" Mayenberg, k. Studienlehrer.
" Meisinger, Regens.
" Mendl, städt. Leihhauskassier.

Herr Menhart, Pfarrer von Eyberg.
" Muggenthaler, Beneficiat in Oberhaus u. Religionslehrer der Kreisgewerbschule.
" Mühldorfer, Hopfenhändler.
" Mühlig, Kaufmann.
" Nadler Handlungsinhaber.
" Nar, k. Revisionsbeamter.
" Neumayer, Coop. in Schwarzach.
Frau Niebermaier, Bierbrauerswittwe.
Herr Obermeier, bischöfl. geistl. Rath und Pfarrer in Feichten.
" Obpacher, Kaufmann.
" Peschl, Bierbrauer.
Frhr. v. Pfetten, qu. k. Appellger.-Dir.
Herr Pieringer, freiresignirter Pfarrer von Neßlbach.
Frau Pöllmann, Buchdruck.-Bes.-Gattin.
Herr Pröll, bischöfl. geistl. Rath und Domkapitular.
Fräulein Pummerer Marie, Besitzerin einer Handlung.
Herr Pummerer Valentin, Kaufmann.
" Rehaber, Privatier.
" Rehaber, Kaufmann.
" Reiter, Kaufmann.
" Riedl, k. Bezirksgerichtsrath.
" Rohrmüller, k. Bezirksger.-Direkt.
" Rosenberger, Domkapitular.
" Rosenberger, Eisenhändler.
Frau Rosenberger, Kaufmannsgattin.
Herr Rottmayer, bischöfl. geistl. Rath und Beneficiat.
" Saurer, qu. k. Major.
" Schauberger, k. und bischöfl. geistl. Rath, Dekan, Distr.-Schulinsp. u. Pfarrer in Schwarzach.
" v. Schieber, k. App.-Ger.-Direktor.
" Dr. Schmid, prakt. Arzt.
" Schwarzenberger, Maurermeister.
" Siegler, bischöfl. geistl. Rath und Domkapitular.

Herr Stamberger, Pfarrer in Lalling.
" Steck, k. Gymnasialprofessor.
" v. Steyrer, k. Appellationsgerichts=
  Präsident.
" Stockbauer, rechtsk. Bürgermeister.
" Straub, Juwelier.
" Süß, qu. k. Landrichter.
" Viktorini, Apotheker.
" Walbbauer, Buchhändler.
" Widnmann, k. Staatsanwalt.

Herr Wiegand, städt. Kassier.
" Wieninger, Bierbrauer.
" Dr. Winderl, k. Advokat.
" Wiesbauer Goldarbeiter.
" Dr. Wiesnet, k. Advokat.
" Wölfl, k. Staatsanwalt.
" Wolf, k. Notar.
" Zimmermann, Kaufmann.
" Zollner, Kaufmann.

Allen sehr verehrlichen Vereinsmitgliedern wird für ihre dem Vereine fort=
während zugewendete rege Theilnahme der wärmste Dank hiemit ausgesprochen,
und dieses Institut, welches, der Absicht seiner würdigen Gründer entsprechend,
die Förderung der Kirchenmusik zur Erhöhung der gottesdienstlichen Feier zum
Hauptzwecke hat, der Gewogenheit edler Jugend= und Kunstfreunde auch ferner=
hin anempfohlen.

Im Namen des Ausschusses:

Reger, k. Studienrektor.